**Romain Da Silva**
**Jérôme Blondel**

**La ToIP par la pratique avec la solution logicielle IPBX trixbox®**

Romain Da Silva
Jérôme Blondel

# La ToIP par la pratique avec la solution logicielle IPBX trixbox®

Éditions universitaires européennes

**Impressum / Mentions légales**
Bibliografische Information der Deutschen Nationalbibliothek: Die Deutsche Nationalbibliothek verzeichnet diese Publikation in der Deutschen Nationalbibliografie; detaillierte bibliografische Daten sind im Internet über http://dnb.d-nb.de abrufbar.
Alle in diesem Buch genannten Marken und Produktnamen unterliegen warenzeichen-, marken- oder patentrechtlichem Schutz bzw. sind Warenzeichen oder eingetragene Warenzeichen der jeweiligen Inhaber. Die Wiedergabe von Marken, Produktnamen, Gebrauchsnamen, Handelsnamen, Warenbezeichnungen u.s.w. in diesem Werk berechtigt auch ohne besondere Kennzeichnung nicht zu der Annahme, dass solche Namen im Sinne der Warenzeichen- und Markenschutzgesetzgebung als frei zu betrachten wären und daher von jedermann benutzt werden dürften.

Information bibliographique publiée par la Deutsche Nationalbibliothek: La Deutsche Nationalbibliothek inscrit cette publication à la Deutsche Nationalbibliografie; des données bibliographiques détaillées sont disponibles sur internet à l'adresse http://dnb.d-nb.de.
Toutes marques et noms de produits mentionnés dans ce livre demeurent sous la protection des marques, des marques déposées et des brevets, et sont des marques ou des marques déposées de leurs détenteurs respectifs. L'utilisation des marques, noms de produits, noms communs, noms commerciaux, descriptions de produits, etc, même sans qu'ils soient mentionnés de façon particulière dans ce livre ne signifie en aucune façon que ces noms peuvent être utilisés sans restriction à l'égard de la législation pour la protection des marques et des marques déposées et pourraient donc être utilisés par quiconque.

Coverbild / Photo de couverture: www.ingimage.com

Verlag / Editeur:
Éditions universitaires européennes
ist ein Imprint der / est une marque déposée de
OmniScriptum GmbH & Co. KG
Heinrich-Böcking-Str. 6-8, 66121 Saarbrücken, Deutschland / Allemagne
Email: info@editions-ue.com

Herstellung: siehe letzte Seite /
Impression: voir la dernière page
**ISBN: 978-3-8417-3063-3**

# La ToIP par la pratique avec la solution logicielle IPBX trixbox®

The Open Platform for Business Telephony

# Table des matières

# Table des illustrations

Pour des raisons de clarté, et étant donné le constant emploi d'anglicisme et d'acronymes, dû au secteur professionnel des réseaux informatiques, tous les termes d'origine anglophone et tous les sigles seront placés une fois en note de bas de page et seront reportés dans le Glossaire.

Toutes les notes en bleu, respectant la mise en forme de cette phrase, feront références aux Annexes.
Toutes les notes en orange, respectant la mise en forme de cette phrase, sont à considérer comme des remarques.

# 1. Nature de la ToIP

## 1.1 Présentation de la ToIP

La ToIP est un ensemble de technologies visant à utiliser un réseau IP[1] pour y faire circuler des conversations téléphoniques. Ces technologies connaissent un véritable essor depuis les premiers pas en 1996 et notamment depuis l'arrivée dans les foyers des offres triple play des fournisseurs d'accès internet. Ces offres proposent l'accès à internet, un flux vidéo pour les chaînes de télévision et un flux VoIP [2] pour des communications téléphoniques à des tarifs extrêmement avantageux. Les entreprises basculent elles aussi massivement vers cette nouvelle technologie pour tous les avantages qu'elle apporte (début 2008, 46% des PME[3] françaises avaient adopté une solution de ToIP, aujourd'hui elles sont proches de 100% à avoir migré).

Cette technologie permet de communiquer de façon très simple sur un réseau IP, mais elle permet également d'établir des ponts avec le réseau téléphonique historique, nommé RTC. Il devient ainsi possible d'établir des communications entre des personnes téléphonant depuis des réseaux différents. Pour cela, il faut installer des cartes chargées de transformer les trames IP en signal pouvant transiter sur le réseau RTC.

En début de chaîne, l'utilisateur doit disposer d'un outil faisant office de téléphone. Trois alternatives se présentent : le téléphone SIP[4], le softphone SIP ou le boîtier ATA[5]. Nous détaillerons ces trois types d'outils plus loin.

---

[1] *Acronyme pour Internet Protocol. Protocole de communication de réseau informatique conçus pour et utilisés par Internet.*
[2] *La voix sur IP, ou VoIP pour Voice over IP, est une technique qui permet de communiquer par la voix sur des réseaux compatibles IP.*
[3] *Acronyme pour Petites et Moyennes Entreprises.*
[4] *Session Initiation Protocol (SIP) est un protocole standard ouvert de gestion de sessions souvent utilisé dans les télécommunications multimédia (son, image, etc.)*

Outre les terminaux téléphoniques, une application permettant le routage des appels et offrant divers services est indispensable. Il s'agit du serveur VoIP. Ce serveur représente le cœur du système : Il connaît les téléphones de son réseau d'utilisateurs, il connaît le point d'accès vers le réseau RTC, il propose des services tels que messagerie, renvois d'appels, conférences à plusieurs, etc. Quelques serveurs SIP se démarquent sur le marché : Cisco SIP Proxy Server, Eyeball SIP Proxy Server, Asterisk, trixbox®, Microsoft Lync ...

## 1.2 Différence entre la ToIP et VoIP

Comme son nom l'indique, la VoIP est l'application de la voix sur le réseau IP (Voice over Internet Protocol). A l'origine la ToIP permet de numériser les données ainsi que la voix. C'est dans ce dernier cas qu'intervient la VoIP. En fait, la VoIP dépend de la ToIP qui lui donne la possibilité d'exister et de s'appliquer sur le réseau, d'une entreprise ou d'un particulier.

La VoIP découle de la ToIP. Elle est donc UNE des possibilités de la Téléphonie sur IP. La VoIP a besoin de la ToIP pour exister et non l'inverse.

## 1.3 Intérêts, limites et contraintes de la VoIP

Le tableau suivant présente les intérêts et les limites de la VoIP :

| Intérêts | Limites |
|---|---|
| - Économie sur la facture téléphonique | - Fiabilité |
| - Investissement pérenne | - Qualité sonore |

---

[5] Un Adaptateur pour Téléphone Analogique (abrégé ATA) est un périphérique utilisé pour connecter un ou plusieurs téléphones standards à un système de téléphonie numérique (comme la Voix sur IP) ou à un système non standard de téléphonie.

| | |
|---|---|
| - Infrastructure simplifiée | - Localisation |
| - Facilité d'administration | |
| - Homogénéisation des services téléphoniques sur différents sites | |
| - Facilité d'intégration avec le système d'information | |
| - Évolution facile | |

Au vu du nombre important d'intérêts que présente la VoIP, il est aisé de comprendre pourquoi les entreprises migrent toutes vers cette technologie.

Une étude (source : www.frameip.com) nous donne les motivations de 100 responsables de systèmes informatiques d'entreprises pour migrer vers une solution VoIP. En tête vient évidemment la réduction des coûts. Le flux internet étant généralement illimité dans les abonnements, celui-ci peut donc être utilisé de façon illimitée sans surcoût pour les communications VoIP.

| Motivations | Pourcentage |
|---|---|
| Réduction de coûts | 75% |
| Nécessité de standardiser l'équipement | 66% |
| Hausse de la productivité des employés | 65% |
| Autres bénéfices de productivité | 64% |
| Hausse du volume d'appels à traiter | 46% |
| Autres facteurs | 50% |

Cependant il existe des contraintes non négligeables, directement liées à la qualité du lien. Une qualité de lien réseau dépend principalement des trois paramètres suivants :

- La latence ou délai : la latence également appelée délai est le temps unidirectionnel pris par un paquet pour voyager à travers le réseau entre deux hôtes. Elle ne doit pas être confondue avec le RTT (Round Trip Time) ou temps de réponse qui mesure la latence dans les deux directions, chemin aller-retour.

  - ➢ Valeur recommandée pour la VoIP : moins de 150-200ms. Si la valeur recommandée est dépassée, une personne téléphonant à une autre va devoir attendre un long moment avant de pouvoir entendre ce qui est dit par l'interlocuteur. Ceci sera gênant dans le sens où on ne sait jamais si l'interlocuteur ne parle pas ou si on doit attendre la réponse.

- La variation de la latence autrement appelée Gigue (Jitter en anglais) : La gigue est basiquement la variation de la latence et ne dépend pas de la latence. On peut avoir de hautes latences et une gigue très basse.

  - ➢ Valeur recommandée pour la VoIP : Moins de 5ms. La gigue va affecter l'ordre d'arrivée des paquets. Pour résoudre ce problème, on utilise un tampon (buffer) pour remettre dans l'ordre les paquets en cas de besoin. La taille du tampon ne peut être trop élevée autrement cela ralentirait trop les communications téléphoniques. Dans le cas d'une gigue élevée, le tampon va se retrouver plein et ainsi des paquets seront perdus, ce qui signifie concrètement que quelques mots ou parties de mot de la conversation ne seront pas reçus.

- La perte de paquets : la perte de paquets est fréquemment affichée en pourcentage. Elle montre la quantité de paquets perdus durant leur voyage entre deux hôtes.

  - Valeur recommandée pour la VoIP : moins de 1%. La voix est transportée par le protocole RTP. Comme RTP[6] est localisé au-dessus d'UDP[7] dans le modèle OSI[8], il n'offre aucun mécanisme de garantie d'acheminement comme pour TCP[9]. En d'autres termes, quand un paquet est perdu durant son voyage, il n'est pas retransmis. Ceci montre clairement l'importance de garder un pourcentage de perte de paquets le plus faible possible. La perte d'un seul paquet va perturber, même brièvement, une conversation téléphonique. Si ce pourcentage est trop haut, la conversation sera inaudible et pourra même être interrompue !

Une liste d'utilitaires permettant de tester la qualité d'un lien réseau est disponible en Annexes.

---

[6] *Real-Time Transport Protocol est un protocole de communication informatique permettant le transport de données soumises à des contraintes de temps réel, tels que des flux média audio ou video*
[7] *Le User Datagram Protocol est un des principaux protocoles de télécommunication utilisés par Internet.*
[8] *Le modèle OSI (de l'anglais Open Systems Interconnection, « Interconnexion de systèmes ouverts »)
d'interconnexion en réseau des systèmes ouverts est un modèle de communications entre ordinateurs
proposé par l'ISO (International Organization for Standardization). Il décrit les fonctionnalités nécessaires à
la communication et l'organisation de ces fonctions.*
[9] *Transmission Control Protocol (littéralement, « protocole de contrôle de transmissions ») est un protocole
de transport fiable, en mode connecté, documenté dans la RFC 793 de l'IETF.*

## 2. Présentation des protocoles réseaux

### 2.1 Présentation protocolaire de la ToIP

Voici un modèle protocolaire de la ToIP permettant de mieux fixer les idées sur cette technologie :

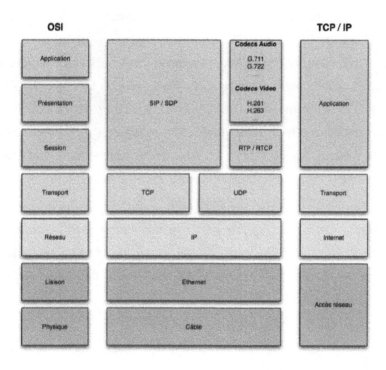

**Figure 1 : Modèle protocolaire de la ToIP**

Nous allons maintenant voir les différents rôles joués par ces protocoles.

## 2.2 Protocoles de signalisation : SIP/SDP

Le protocole SIP (Session Initiation Protocol), dont le **numéro de port est le 5060**, est un protocole ouvert standardisé par l'IETF[10] (décrit par le RFC 3261, 1996) qui a été conçu pour établir, modifier et terminer des sessions multimédia. Il se charge de l'authentification et de la localisation des multiples participants. Il se charge également de la négociation sur les types de médias utilisables par les différents participants en encapsulant des messages SDP (Session Description Protocol). SIP ne transporte pas les données échangées durant la session comme la voix ou la vidéo. SIP étant indépendant de la transmission des données, tous types de données et de protocoles peuvent être utilisés pour cet échange (VoIP, visiophonie, messagerie instantanée ou même les jeux-vidéo). Cependant le protocole RTP (Real-time Transport Protocol) assure le plus souvent les sessions audio et vidéo. SIP remplace progressivement H.323[11].

Il fonctionne en mode client/serveur : le téléphone (client) envoie des requêtes au serveur SIP (IPBX) ou vers des autres clients SIP. Ces requêtes sont en fait des paquets de données qui contiennent des informations à destination du serveur SIP.

Depuis 2004, SIP s'est imposé comme le protocole de choix en matière de VoIP en raison de sa simplicité et de sa gratuité. Il est d'ailleurs implémenté dans la majorité des matériels et logiciels fournis à ce jour par les constructeurs et éditeurs.

---

[10] L'Internet Engineering Task Force littéralement traduit de l'anglais en « Détachement d'ingénierie d'Internet » est un groupe informel, international, ouvert à tout individu, qui participe à l'élaboration de standards Internet. L'IETF produit la plupart des nouveaux standards d'Internet.
[11] H.323 regroupe un ensemble de protocoles de communication de la voix, de l'image et de données sur IP.

## 2.2.1 Bases

SIP partage de nombreuses similitudes avec le protocole HTTP[12] comme le codage en ASCII[13] et les codes de réponse.

Le client envoie des requêtes au serveur, qui lui renvoie une réponse. Les méthodes de base sont :

- INVITE permet à un client de demander une nouvelle session

- ACK confirme l'établissement de la session

- CANCEL annule un INVITE en suspens

- BYE termine une session en cours

- OPTIONS pour récupérer les capacités de gestion des usagers, sans ouvrir de session

- REGISTER enregistrement auprès d'un serveur d'enregistrement.

Les codes de réponse sont similaires à HTTP.

- 100 Trying

- 200 OK

- 404 Not Found

- Les codes supérieurs ou égaux à x80 sont spécifiques à SIP.

- 180 Ringing

- 486 Busy

---

[12] L'HyperText Transfer Protocol, littéralement « protocole de transfert hypertexte » est un protocole de communication client-serveur développé pour le World Wide Web.
[13] Le jeu de caractères codés American Standard Code for Information Interchange, « Code américain normalisé pour l'échange d'information ») est la norme de codage de caractères en informatique la plus connue, la plus ancienne et la plus largement compatible.

15

En revanche, SIP diffère de HTTP du fait qu'un agent SIP (User Agent) joue habituellement à la fois les rôles de client et de serveur. C'est-à-dire qu'il peut aussi bien envoyer des requêtes que répondre à celles qu'il reçoit.

En pratique, la mise en place de SIP repose sur trois éléments : User Agent, Registrar et Proxy, que nous allons détailler dans les sous-parties suivantes.

### 2.2.2 User Agent

Les User Agents désignent les agents que l'on retrouve dans les téléphones SIP, les softphones (logiciels de téléphonie sur IP) des ordinateurs et smartphones ou les passerelles SIP. En théorie, on peut établir des sessions directement entre deux User Agents, deux téléphones par exemple. Mais cela nécessite de connaître l'adresse IP du destinataire. Cela n'est pas l'idéal car une adresse IP peut ne pas être publique (derrière un NAT[14]) ou changer et elle est bien plus compliquée à retenir qu'une URI[15]. Les User Agents peuvent donc s'enregistrer auprès de Registrar pour signaler leur emplacement courant, c'est-à-dire leur adresse IP.

### 2.2.3 Registrar

Le Registrar est un serveur qui gère les requêtes REGISTER envoyées par les Users Agents pour signaler leur emplacement courant. Ces requêtes contiennent donc une adresse IP, associée à une URI, qui seront stockées dans une base de données.

---

[14] On dit qu'un routeur fait du Network Address Translation (« traduction d'adresse réseau ») lorsqu'il fait correspondre les adresses IP internes non-uniques et souvent non routables d'un intranet à un ensemble d'adresses externes uniques et routables. Ce mécanisme permet notamment de faire correspondre une seule adresse externe publique visible sur Internet à toutes les adresses d'un réseau privé, et pallie ainsi l'épuisement des adresses IPv4.
[15] Un URI, de l'anglais Uniform Resource Identifier, soit littéralement identifiant uniforme de ressource, est une courte chaîne de caractères identifiant une ressource sur un réseau (par exemple une ressource Web) physique ou abstraite, et dont la syntaxe respecte une norme d'Internet mise en place pour le World Wide Web (voir RFC 3986).

Les URI SIP sont très similaires dans leurs formes à des adresses email : SIP:*utilisateur@domaine.com*.

Généralement, des mécanismes d'authentification permettent d'éviter que quiconque puisse s'enregistrer avec n'importe quelle URI.

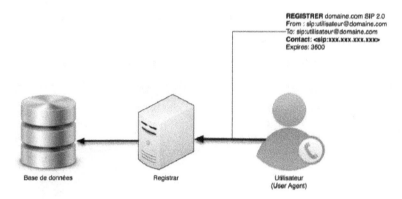

**REGISTRER** domaine.com SIP 2.0
From : sip:utilisateur@domaine.com
To: sip:utilisateur@domaine.com
**Contact: <sip:xxx.xxx.xxx.xxx>**
Expires: 3600

Base de données      Registrar      Utilisateur
(User Agent)

**Figure 2 : Fonctionnement du Registrar**

Voici une capture de trames Wireshark [16] vérifiant les étapes d'enregistrement d'un User Agent sur le Registrar :

| No. | Time | Source | Destination | Protocol |
|---|---|---|---|---|
| Length Info | | | | |
| 8 5.123508 | 10.20.20.3 | 10.20.20.50 | | SIP |
| 626 Request: REGISTER sip:10.20.20.50:5060 | | | | |
| 9 5.123861 | 10.20.20.50 | 10.20.20.3 | | SIP |
| 631 Status: 401 Unauthorized (0 bindings) | | | | |
| 789 Request: REGISTER sip:10.20.20.50:5060 | | | | |
| 11 5.263548 | 10.20.20.50 | 10.20.20.3 | | SIP |
| 579 Request: OPTIONS sip:2001@10.20.20.3:5065;ob | | | | |
| 12 5.263653 | 10.20.20.50 | 10.20.20.3 | | SIP |

On peut clairement voir la requête REGISTER (n° de trame 8) provenant de l'User Agent ayant l'adresse IP 10.20.20.3, ainsi que l'URI SIP :

---

[16] *Wireshark est un analyseur de paquets libre utilisé dans le dépannage et l'analyse de réseaux informatiques, le développement de protocoles, l'éducation et la rétro-ingénierie.*

« sip:2001@10.20.20.3» (n° de trame 11) montrant l'enregistrement d'User Agent sur le Registrar. Cette trame vérifie bien également le numéro de port SIP : 5060.

### 2.2.4 Proxy

Un Proxy SIP sert d'intermédiaire entre deux User Agents qui ne connaissent pas leur emplacement respectif (adresse IP). En effet, l'association URI - Adresse IP a été stockée préalablement dans une base de données par un Registrar. Le Proxy SIP peut donc interroger cette base de données pour diriger les messages vers le destinataire.

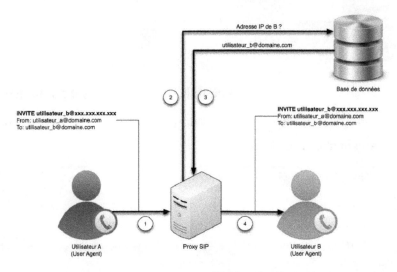

**Figure 3 : Fonctionnement du Proxy**

1. Envoi d'une requête INVITE au Proxy

2. Le Proxy interroge la base de données

3. La base de données renvoie l'adresse IP du destinataire

4. Le Proxy relaie le message au destinataire

Voici une capture de trames Wireshark vérifiant les étapes d'un appel intrasite :

```
No.      Time        Source              Destination          Protocol
Length Info
    47 5.738223   10.20.20.3          10.20.20.50          SIP/SDP
1011   Request: INVITE sip:2002@10.20.20.50:5060, with session
description
    48 5.738677   10.20.20.50         10.20.20.3           SIP
618    Status: 401 Unauthorized
    49 5.742190   10.20.20.3          10.20.20.50          SIP
431    Request: ACK sip:2002@10.20.20.50:5060
    50 5.743114   10.20.20.3          10.20.20.50          SIP/SDP
1179   Request: INVITE sip:2002@10.20.20.50:5060, with session
description
    51 5.743804   10.20.20.50         10.20.20.3           SIP
607    Status: 100 Trying
    52 5.965035   10.20.20.50         10.20.20.7           SIP/SDP
998    Request: INVITE sip:2002@10.20.20.7:5065;ob, with session
description
    53 5.965436   10.20.20.50         10.20.20.3           SIP
623    Status: 180 Ringing
```

Cette capture Wireshark met bien en avant la présence des deux INVITE mentionnés dans le schéma précédent. Après les deux INVITE, on note la présence de Ringing mentionnant le fait que le téléphone du distant sonne. Le Flow Graph suivant montre les étapes détaillées d'un appel en SIP.

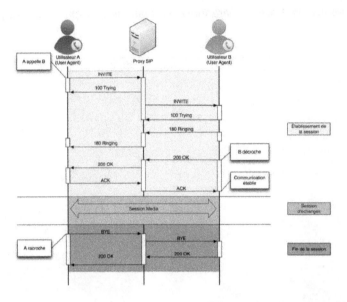

**Figure 4 : Flow Graph d'un appel SIP**

Le Proxy SIP se contente de relayer uniquement les messages SIP pour établir, contrôler et terminer la session. Une fois la session établie, les données, par exemple un flux RTP pour la VoIP, ne transitent pas par le serveur Proxy. Elles sont échangées directement entre les User Agents.

Une capture des trames SIP réalisée avec l'analyseur de paquets Wireshark se trouve en Annexes. Cette capture, nous a permis de réaliser le schéma précédent.

## 2.3 Protocoles de gestion du flux : RTP/RTCP

### 2.3.1 RTP

Le protocole RTP (Real Time Transport Protocol) (**numéro de port aléatoire PAIR supérieur à 1023**), standardisé en 1996, a pour but d'organiser les paquets à l'entrée du réseau et de les contrôler à la sortie. Ceci de façon à reformer les flux avec ses caractéristiques de départ. RTP est géré au niveau de la couche application. RTP est un protocole de bout en bout. RTP est volontairement incomplet et malléable pour s'adapter aux besoins des applications. Il sera intégré dans le noyau de l'application. RTP laisse la responsabilité du contrôle aux équipements d'extrémité.

Un aperçu d'une trame RTP capturée avec l'analyseur de paquets Wireshark est disponible en Annexes. Elle met en avant le numéro de port PAIR de RTP.

RTP est un protocole adapté aux applications présentant des propriétés temps réel. Il permet ainsi de :

- Reconstituer la base de temps des flux (horodatage des paquets : possibilité de resynchronisation des flux par le récepteur)

- Mettre en place un séquencement des paquets par une numérotation afin de permettre ainsi la détection des paquets perdus. Ceci est un point primordial dans la reconstitution des données.

- L'identification de la source, c'est-à-dire l'identification de l'expéditeur du paquet. Dans un multicast l'identité de la source doit être connue et déterminée.

- Transporter les applications audio et vidéo dans des trames (avec des dimensions qui sont dépendantes des codecs qui effectuent la numérisation).

En revanche, ce n'est pas « la solution » qui permettrait d'obtenir des transmissions temps réel sur IP. En effet, il ne procure pas de :

- Réservation de ressources sur le réseau (pas d'action sur le réseau, comme peut le faire RSVP[17]);

---

[17] Resource ReSerVation Protocol est un protocole permettant de réserver des ressources dans un réseau informatique.

- Fiabilité des échanges (pas de retransmission automatique, pas de régulation automatique du débit);

- Garantie dans le délai de livraison (seules les couches de niveau inférieur le peuvent) et dans la continuité du flux temps réel.

Le protocole RTP utilise des codecs que nous aborderons dans la partie « 2.4 Les codecs audio : G.711 et G.722 ».

### 2.3.2 RTCP

RTCP est un protocole de contrôle associé à RTP **(numéro de port aléatoire : numéro de port de RTP+1 → numéro de port IMPAIR)**, il mesure les performances, par contre il n'offre pas de garantie. Pour cela, il faut employer un protocole de réservation du type RSVP ou bien s'assurer que les liens de communication utilisés sont correctement dimensionnés par rapport à l'utilisation qui en est faite.

Un aperçu d'une trame RTCP capturée avec l'analyseur de paquets Wireshark est disponible en Annexes. Elle met en avant le numéro de port IMPAIR de RTCP.

Le protocole RTCP est fondé sur la transmission périodique de paquets de contrôle à tous les participants d'une session. C'est le protocole UDP (par exemple) qui permet le multiplexage des paquets de données RTP et des paquets de contrôle RTCP. Le protocole RTP utilise le protocole RTCP, Real-time Transport Control Protocol qui transporte les informations supplémentaires suivantes pour la gestion de la session :

- Les récepteurs utilisent RTCP pour renvoyer vers les émetteurs un rapport sur la QoS[18]. Ces rapports comprennent le nombre de paquets perdus, le paramètre indiquant la gigue et le délai aller-

---

[18] La qualité de service ou Quality of service est la capacité à véhiculer dans de bonnes conditions un type de trafic donné, en termes de disponibilité, débit, délais de transmission, gigue, taux de perte de paquets...

retour. Ces informations permettent à la source de s'adapter, par exemple, de modifier le niveau de compression pour maintenir une QoS.

- Une synchronisation supplémentaire entre les médias. Les applications multimédias sont souvent transportées par des flots distincts. Par exemple, la voix, l'image ou même des applications numérisées sur plusieurs niveaux hiérarchiques peuvent voir les flots gérés suivre des chemins différents.

- L'identification car en effet les paquets RTCP contiennent des informations d'adresses, comme l'adresse d'un message électronique, un numéro de téléphone ou le nom d'un participant à une conférence téléphonique.

- Le contrôle de la session car RTCP permet aux participants d'indiquer leur départ d'une conférence téléphonique (paquet Bye de RTCP) ou simplement de fournir une indication sur leur comportement.

Le protocole RTCP demande aux participants de la session d'envoyer périodiquement les informations citées ci-dessus. La périodicité est calculée en fonction du nombre de participants de l'application. On peut dire que les paquets RTP ne transportent que les données des utilisateurs. Tandis que les paquets RTCP ne transportent en temps réel que de la supervision. On peut détailler les paquets de supervision en 5 types:

- 200 : rapport de l'émetteur

- 201 : rapport du récepteur

- 202 : description de la source

- 203 : au revoir

- 204 : application spécifique

Ces différents paquets de supervision fournissent aux nœuds du réseau les instructions nécessaires à un meilleur contrôle des applications temps réel.

## 2.4 Les codecs audio : G.711 et G.722

Un codec est un procédé capable de compresser et/ou de décompresser un signal numérique. Ce procédé peut être un circuit imprimé ou un logiciel.

Le mot-valise « codec » vient de « compression-décompression » (ou « codage-décodage » - COde-DECode en anglais).

D'un côté, les codecs encodent des flux ou des signaux pour la transmission, le stockage ou le chiffrement de données. D'un autre côté, ils décodent ces flux ou signaux pour édition ou restitution.

Les différents algorithmes de compression et de décompression peuvent correspondre à différents besoins en qualité de restitution, de temps de compression ou de décompression, de limitation en termes de ressource processeur ou mémoire, de débit du flux après compression ou de taille du fichier résultant. Ils sont utilisés pour des applications comme la téléphonie, les visioconférences, la diffusion de média sur Internet, le stockage sur CD, DVD, la télé numérique par exemple.

### 2.4.1 Le G.711

Le G.711 est une norme de compression audio de l'UIT-T, s'appuyant sur les lois de quantification A (Europe, Afrique) ou µ (Amérique du Nord, Japon).

| Codec | Débit | Fréquence vocale | Codage |
|-------|-------|------------------|--------|
| G.711 | 64 Kbits/s | 300-3400 Hz | MIC |

La norme G.711 a été révisée en 2000. Elle est utilisée pour le transport de la voix avec peu de compression dans les réseaux IP, comme par exemple sur les offres de téléphonie sur les « boxes » ou sur des réseaux locaux IP. Elle est en revanche assez peu utilisée pour faire de la téléphonie directement sur des réseaux étendus comme Internet de par l'utilisation importante de bande passante.

Le G.711 est la norme utilisée par trixbox® lors des communications voix. La capture de trames Wireshark suivante met en évidence la présence et l'utilisation de ce codec.

```
No.      Time       Source          Destination          Protocol
Length Info
     89 8.322915   10.20.20.3          10.20.20.50            RTP
134    PT=ITU-T G.711 PCMU, SSRC=0x23E5C7A3, Seq=1381, Time=560


Frame 89: 134 bytes on wire (1072 bits), 134 bytes captured (1072 bits)
Ethernet II, Src: Apple_bd:3a:e5 (f0:cb:a1:bd:3a:e5), Dst:
Apple_e6:a3:cc (00:26:08:e6:a3:cc)
Internet Protocol Version 4, Src: 10.20.20.3 (10.20.20.3), Dst:
10.20.20.50 (10.20.20.50)
User Datagram Protocol, Src Port: pxc-roid (4004), Dst Port: 11768
(11768)
Real-Time Transport Protocol
    [Stream setup by SDP (frame 73)]
    10.. .... = Version: RFC 1889 Version (2)
    ..0. .... = Padding: False
    ...0 .... = Extension: False
    .... 0000 = Contributing source identifiers count: 0
    0... .... = Marker: False
```

25

```
Payload type: ITU-T G.711 PCMU (0)
```

Il est à noter l'existence d'un codec offrant une meilleure qualité de voix avec auto négociation du débit. Ce codec est décrit dans la partie suivante.

### 2.4.2 Le G.722

La norme de codage mondiale G.722 normalisée par l'UIT-T permet d'obtenir en voix sur IP une qualité de voix "haute définition".

| Codec | Débit | Fréquence vocale | Codage |
|-------|-------|------------------|--------|
| G.722 | 64 Kbits/s (56 ou 48 Kbits/s) | 50-7000 Hz | MICDA |

Aucun coût de licence n'est associé à ce codec. Le format de codage UIT-T G.722 a donc été choisi début 2007 par l'organisme de normalisation Européen ETSI comme format obligatoire pour les terminaux DECT de nouvelle génération et haute qualité audio. Certains opérateurs (Orange, BT...) ont ainsi pu lancer avec succès des services de téléphonie IP en voix "haute définition" utilisant le format de codage G.722.

## 3. trixbox®

trixbox® a pour principale fonction celle d'autocommutateur téléphonique. Cela consiste essentiellement à gérer les appels téléphoniques pour un ensemble de postes tout comme pouvait le réaliser une opératrice voici de nombreuses années.

trixbox® inclut en standard plusieurs applications, autrefois propriétaires et chères telles que : envoi de messages vocaux par email, conférences, menus vocaux interactifs, etc.

### 3.1 Historique

trixbox® est un logiciel libre d'IPBX basé sur le logiciel libre Asterisk. trixbox® a été offert initialement sous le nom d'Asterisk@Home. En octobre 2006, le produit a été renommé trixbox® après que Digium, l'éditeur du produit Asterisk, ait demandé que le mot « Asterisk » ne soit pas utilisé dans le nom du produit. Le changement de nom était d'autant plus justifié que le produit avait à cette époque beaucoup plus de fonctionnalités qu'Asterisk.

trixbox® CE est 100% libre et sous licence GPLv2. Les membres fondateurs du projet trixbox® CE sont Kerry Garrison et Andrew Gillis.

Il existe également une version PRO de trixbox®, déclinée sous plusieurs versions :

- Standard Edition (SE);

- Enterprise Edition (EE);

- Call Center Edition (CCE);

- Unified Agent Edition (UAE).

trixbox® inclut le noyau CentOS pour le système d'exploitation, Asterisk, pour la partie IPBX et interface web, et Flash Operator Panel (FOP) pour la partie graphique de l'interface web.

Une fois le produit installé, l'administration de trixbox® est entièrement réalisé depuis une interface web. Seul un accès SSH peut être parfois utile lors de l'ajout de nouveaux modules fonctionnels, comme par exemple les modules de gestion des téléphones SIP de AASTRA Technologies.

trixbox® est développé principalement par Fonality, mais c'est un projet open source.

## 3.2 Etude comparative PABX / IPBX

Un PABX (Private Automatic Branch eXchange), ou PBX, est un équipement de gestion des appels téléphoniques. Généralement installé dans une entreprise, il permet de délivrer (ou de commuter) les appels téléphoniques vers les postes qui lui sont raccordés. Il sert en outre de relais entre les postes téléphoniques gérés et le réseau téléphonique commuté (RTC), assurant ainsi la communication avec l'extérieur.

Depuis l'émergence de la technologie ToIP qui transfère le service de téléphonie sur le protocole IP donc sur un réseau informatique, les termes IPBX, PABX-IP, IP-PBX sont apparus. Ils traduisent le fait que le PABX est désormais livré sous la forme d'un logiciel destiné à un ordinateur générique plutôt qu'un matériel spécialisé.

Le tableau ci-dessous permet de mettre en évidence les avantages non négligeables d'un IPBX comparé à un PABX.

| | PABX | IPBX |
|---|---|---|
| Coût | | |

28

| | | |
|---|---|---|
| Fiabilité (système) | ★★★★ | ★★★★ |
| Fiabilité (réseau) | ★★★★ | ★★★★ |
| Redondance | ★★★★ | ★★★★ |
| Câblage | Nécessaire | Utilisation de l'existant |
| Respect des standards | ★★★★ | ★★★★ |
| Mobilité | ★★★★ | ★★★★ |
| Diversité des solutions | ★★★★ | ★★★★ |
| Fonctionnalité du téléphone | ★★★★ | ★★★★ |
| Évolution du produit | ★★★★ | ★★★★ |
| Flexibilité du produit | ★★★★ | ★★★★ |

## 3.3 trixbox® une solution raisonnable

Le cadre classique d'installation de trixbox® est celui de tout PABX : assurer la commutation des appels pour un ensemble donné de postes téléphoniques et relayer les appels de et vers l'extérieur au travers du RTC. Rien de moins.

Cependant, et contrairement à certaines solutions de ToIP propriétaires qui se contentent de reproduire ce schéma classique de la téléphonie d'entreprise, trixbox® concrétise les promesses de la technologie ToIP en proposant de nouveaux services et cela, **gratuitement** !

# 4. Topologie IPBX trixbox®

## 4.1 Maquette : Etude de l'architecture

Nous avons mis en place la maquette suivante afin de tester et de vérifier certains points de la solution trixbox®.

Dans un premier temps, celle-ci a permis de replacer la solution trixbox® dans son contexte, c'est-à-dire au sein d'un réseau d'Entreprise avec plusieurs périphériques communiquant entre eux. Nous avons implémenté tous les types de connexions possibles à l'IPBX : câble Ethernet, point d'accès Wi-Fi[19] et adaptateur analogique vers IP (ATA).

Dans un second temps, cette maquette nous a permis de valider la théorie relative aux protocoles et au fonctionnement de l'IPBX, que nous avons déjà abordée dans la seconde partie (voir partie « 2. Présentation des protocoles réseaux »).

Dans un troisième temps, cette maquette nous a permis d'établir un ensemble de documentations relatives à l'installation, la configuration et l'exploitation de trixbox® et de ses fonctions avancées.

Ces documentations sont disponibles en Annexes.

Enfin, cette maquette nous a aidés à mettre en lumière les problèmes de sécurité que l'on pouvait rencontrer avec ce type d'architecture.

Ci-dessous, la maquette avec les plans de numérotation respectifs des sites « Entreprise A » et « Entreprise B ».

---

[19] Un réseau Wi-Fi permet de relier sans fil plusieurs appareils informatiques (ordinateur, routeur, décodeur Internet, etc.) au sein d'un réseau informatique afin de permettre la transmission de données entre eux.

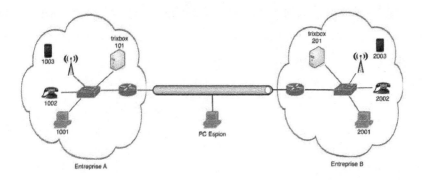

**Figure 5 : Topologie réseau de la maquette**

Voici un autre schéma de la maquette présentant le plan d'adressage IP que nous avons mis en œuvre.

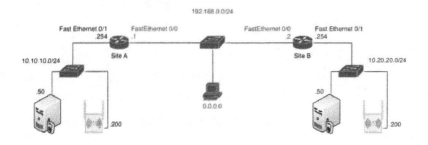

**Figure 6 : Architecture réseau de la maquette**

### 4.1.1 Routeurs et Switchs

Les routeurs de la maquette sont les éléments réseau permettant l'interconnexion des serveurs trixbox® que nous aborderons dans la sous-partie « 5.9 Trunk IAX2 ».

Les configurations des routeurs « Entreprise A » et « Entreprise B » sont disponibles en Annexes.

Les switchs des réseaux « Entreprise A » et « Entreprise B » permettent de connecter l'ensemble des périphériques au routeur du réseau concerné.

31

Le switch central, quant à lui, se positionne en tant qu'équipement de monitoring. En effet, un des ports du switch permet l'écoute, via une machine câblé sur ce port, de tout le trafic des équipements connectés au switch. Ceci, afin de mettre en lumière la sécurité du réseau que nous détaillerons plus loin dans la partie «6. Sécurité ».

Les configurations des switchs « Entreprise A » et « Entreprise B », ainsi que la configuration du switch central sont disponibles en Annexes.

### 4.1.2 Les Serveurs trixbox®

Le serveur trixbox® est le cœur de réseau de chaque site. Nous avons utilisé des machines virtuelles pour les deux serveurs trixbox® de notre maquette.

Une machine virtuelle est un conteneur fermement isolé capable d'exécuter ses propres systèmes d'exploitation et applications, à l'instar d'un ordinateur physique. La machine virtuelle offre le très gros avantage de pouvoir sauvegarder à un instant T une configuration du système et d'y revenir très rapidement par la suite. Une machine physique nous aurait contraints de réinstaller totalement le serveur à chaque fin de test. Ainsi la virtualisation des serveurs permet une productivité accrue lors des phases de tests.

Une documentation complète de la création d'une machine virtuelle trixbox® est disponible en Annexes.

La présence de deux serveurs dans notre maquette nous a permis de mettre en œuvre un Trunk IAX2. Un Trunk permet de connecter deux IPBX (ou plus) entre eux afin qu'ils puissent communiquer ensemble et que les utilisateurs du premier site puissent contacter les utilisateurs du second site et inversement. Cette fonction avancée est détaillée dans la sous-partie « 5.9 Trunk IAX2».

### 4.1.3 Points d'accès Wi-Fi

Les points d'accès Wi-Fi de notre maquette permettent de relier des périphériques mobiles implémentant le Wi-Fi, jouant le rôle d'User Agent, aux serveurs trixbox® sur un rayon de plusieurs dizaines de mètres en intérieur (généralement entre une vingtaine et une cinquantaine de mètres).

Ainsi l'utilisateur final peut se déplacer librement dans l'entreprise en restant en permanence joignable dans la couverture du point d'accès Wi-Fi sur lequel son périphérique est connecté.

Les configurations des points d'accès Wi-Fi sont disponibles en Annexes.

### 4.1.4 Softphones, téléphones SIP et boîtier ATA

trixbox® étant une solution logicielle, voici les trois possibilités d'interfaçage possibles avec l'IPBX pour l'utilisateur final :

- **Le softphones SIP :** Il s'agit d'un logiciel faisant office de téléphone, installé sur le PC de l'utilisateur ou sur un périphérique Wi-Fi, qui se chargera de transformer la voix capturée par la carte son en signal IP émis sur le réseau. L'offre est assez vaste. Il y a les plus connus comme 3CX et X-Lite qui présentent l'inconvénient d'être propriétaires et non open source ; et il y a les open sources[20] tel qu'Ekiga.

Une configuration sommaire de X-Lite et de 3CX est disponible en Annexes.

- **Téléphone IP :** Il s'agit d'un poste téléphonique composé d'un combiné et d'un clavier. Ce type de téléphone a la particularité de disposer d'une prise réseau ainsi que d'une application permettant de transformer la voix en IP.

---

[20] La désignation open source s'applique aux logiciels dont la licence respecte des critères précisément établis par l'Open Source Initiative, c'est-à-dire la possibilité de libre redistribution, d'accès au code source et aux travaux dérivés.

- **Boîtier ATA :** Il s'agit d'un boîtier permettant de transformer n'importe quel téléphone analogique classique en téléphone IP. Ainsi d'un côté nous trouvons une prise RJ11[21] téléphonique et de l'autre une prise RJ45[22] réseau.

Le softphone SIP étant un logiciel généralement gratuit et disponible sur toutes les plateformes, il s'intègre facilement à l'environnement de travail de l'utilisateur. Il est à noter un investissement nécessaire dans des périphériques de type casque/micro pour l'utilisateur.

Le téléphone SIP requiert un investissement conséquent comparé à un softphone SIP mais offre la convivialité d'utilisation d'un téléphone standard couplé aux avantages et fonctionnalités avancés d'un IPBX.

Le boîtier ATA, s'il permet l'utilisation/recyclage de téléphone analogique, réduit l'intérêt d'un IPBX et des fonctionnalités avancées associées que nous détaillerons dans la partie «5. Exploitation des fonctionnalités avancées de trixbox®». Le boitier ATA peut être donc vu comme une solution de transition, mais non comme une solution définitive.

## 4.2 Validation de la maquette

Pour valider le fonctionnement de notre maquette, nous avons établi et suivi le protocole suivant :

---

[21] Un connecteur RJ11 est un standard international utilisé par des appareils téléphoniques fixes.
[22] Un connecteur RJ45 est un standard international utilisé par des équipements réseau.

**Figure 7 : Processus de validation de la maquette**

Ce protocole permet de valider la maquette en partant du niveau physique vers le niveau applicatif. L'outil Ping[23] permettra de valider chaque étape de ce protocole.

La maquette validée, nous pouvons maintenant aborder le cœur du projet, l'exploitation des fonctionnalités avancées de la solution trixbox®.

---

[23] *Ping est le nom d'une commande informatique permettant de tester l'accessibilité d'une autre machine à travers un réseau IP.*

# 5. Exploitation des fonctionnalités avancées de trixbox®

trixbox® offre les mêmes possibilités qu'un PABX. On retrouvera bien entendu l'appel classique, le transfert d'appel, la consultation de la boîte vocale via un numéro défini par l'administrateur (appelé également Feature Code).

Les fonctions avancées suivantes sont généralement facturées par les sociétés prestataires de PABX. Ces fonctions avancées font donc la force de l'IPBX comparée à un PABX traditionnel, car elles sont nativement et gratuitement incluses dans la solution trixbox®.

Les intitulés « Fonctionnement » correspondent aux aboutissements de nos manipulations.

## 5.1 Portal

**Utilité :** ★★★★★
**Facilité :** ★★★★★
**Autorisation : Utilisateur**
**Fonctionnement : ~~Non Fonctionnel~~ / Partiel / ~~Total~~**

Portal est un espace utilisateur accessible depuis un navigateur internet permettant de consulter la boîte vocale, le journal d'appels et de paramétrer les services de la ligne téléphonique. Il est sécurisé par un identifiant et un mot de passe de sorte que seul l'utilisateur puisse y accéder. Il est à noter que chaque utilisateur possède un espace.

La boîte vocale permet d'écouter les messages mais aussi de les supprimer et de les archiver. On peut également transmettre des messages de la boîte vocale à un autre utilisateur.

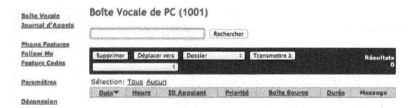

**Figure 8 : Portal – Aperçu de la boîte vocale**

Le journal d'appels répertorie les appels reçus, émis et manqués. Il est possible d'appliquer des filtres de recherche pour rechercher un appel.

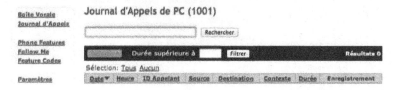

**Figure 9 : Portal – Aperçu du journal d'appels**

Les paramétrages offerts à l'utilisateur permettent de modifier la langue de l'interface, le mot de passe de l'espace utilisateur. On peut également activer une notification par mail lors de la réception d'un nouveau message sur la boîte vocale avec la possibilité notamment de rattacher en pièce jointe le message vocal. Il est également possible de choisir le format du fichier !

On notera la présence d'un paramètre intéressant permettant d'enregistrer une conversation téléphonique selon plusieurs scénarios en fonction que l'appel soit sortant ou entrant.

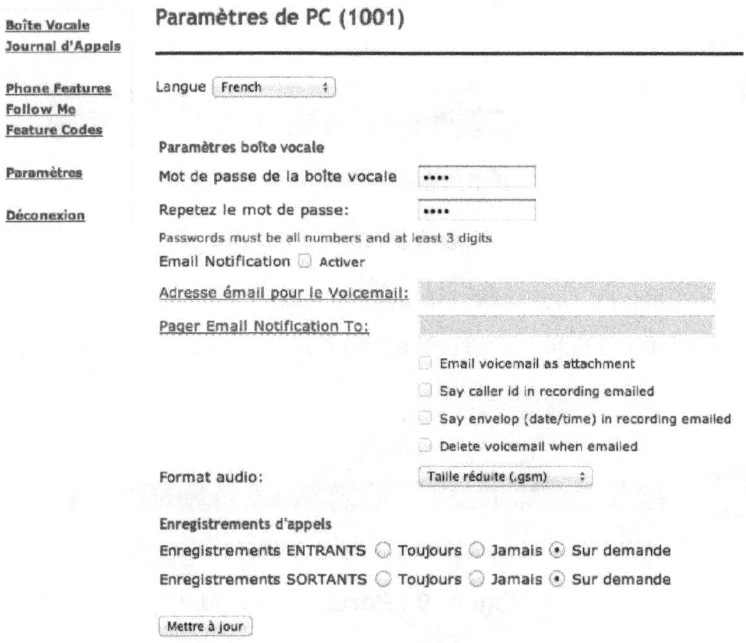

**Paramètres de PC (1001)**

Langue [ French ＋ ]

Paramètres boîte vocale

Mot de passe de la boîte vocale [ •••• ]

Repetez le mot de passe: [ •••• ]

Passwords must be all numbers and at least 3 digits

Email Notification ☐ Activer

Adresse émail pour le Voicemail:

Pager Email Notification To:

☐ Email voicemail as attachment

☐ Say caller id in recording emailed

☐ Say envelop (date/time) in recording emailed

☐ Delete voicemail when emailed

Format audio: [ Taille réduite (.gsm) ＋ ]

Enregistrements d'appels

Enregistrements ENTRANTS ◯ Toujours ◯ Jamais ⦿ Sur demande

Enregistrements SORTANTS ◯ Toujours ◯ Jamais ⦿ Sur demande

[ Mettre à jour ]

**Figure 10 : Portal – Aperçu des paramètres**

## 5.2 Follow Me

**Utilité :** ★★★★★
**Facilité :** ★★★★★
**Autorisation : Administrateur**
**Fonctionnement : ~~Non Fonctionnel~~ / ~~Partiel~~ / Total**

La fonction Follow Me est similaire à celle d'un groupe de sonneries mais est liée directement à un poste téléphonique.

Le plan de numérotation trixbox® a été structuré de telle sorte qu'à tout endroit où l'on peut composer directement et faire sonner une extension, la fonction Follow Me sera engagée si elle est définie. Cette fonction peut être très pratique pour faire sonner simultanément un poste téléphonique ainsi qu'un téléphone portable et prendre ses appels de l'extérieur. Cependant, il

Boîte Vocale
Journal d'Appels

Phone Features
Follow Me
Feature Codes

Paramètres

Déconexion

doit y avoir au moins deux Trunks pour mettre en œuvre cette pratique, un Trunk pour permettre à l'appelant de joindre l'IPBX et un autre Trunk pour appeler simultanément le téléphone portable. Ainsi, peu importe que l'on soit à son poste ou pas, le système essaiera toujours de joindre le portable à moins que l'on ait déjà pris l'appel au poste téléphonique.

## 5.3 VMX Locator™

**Utilité :** ✮✮✮✮✮
**Facilité :** ✮✮✮✮✮
**Autorisation : Administrateur**
**Fonctionnement : Non Fonctionnel / ~~Partiel~~ / ~~Total~~**

Certaines personnes préfèrent simplement utiliser la fonction Follow Me et se faire appeler simultanément sur leur portable lorsque quelqu'un essaie de les joindre sur leur poste téléphonique alors que d'autres ne veulent pas se faire appeler sur leur portable à moins que l'appelant ait vraiment besoin de les joindre. C'est exactement pour cette raison que la fonction de messagerie vocale VMX Locator a été conçue.

Supposons que l'on reçoive un appel et que l'on n'y réponde pas. Dans des conditions normales l'appel sera redirigé vers la messagerie vocale. Le VMX Locator peut changer le message de messagerie vocale afin d'indiquer une alternative pour être contacté, par exemple :

« Bonjour, je suis actuellement indisponible. Vous pouvez appuyer sur la touche # pour me laisser un message maintenant. Si votre appel est urgent, appuyez sur 1 pour me joindre sur mon portable, ou sur 0 pour joindre mon assistante.»

## 5.4 FOP (Flash Operating Pannel)

**Utilité :** ✮✮✮✮✮
**Facilité :** ✮✮✮✮✮

**Autorisation : Utilisateur**
**Fonctionnement : ~~Non Fonctionnel~~ / Partiel / ~~Total~~**

FOP est une application qui fonctionne sur un navigateur web avec le plugin Flash installé. Il est capable d'afficher des informations sur l'activité de l'IPBX en temps réel. La mise en page est configurable (taille des boutons et des couleurs, icônes, etc.).

FOP permet de voir en un coup d'œil :

- Quelles extensions sont en communication, sonnent ou sont disponibles

- Qui parle et à qui ?

- L'accessibilité et l'état des enregistrements SIP et IAX

- Le nombre de personnes enregistrées

- Le nombre de participants de Web-MeetMe

- Le nombre de personnes en attente

- Vous pouvez effectuer ces actions :

Il est également possible d'exécuter les actions suivantes :

- Raccrocher une ligne

- Transfert d'appel via drag & drop

- Émission d'appels via drag & drop

- Modifier le caller id lors du transfert ou l'émission d'un appel

- Faire apparaître automatiquement la page web avec les coordonnées du client

- Click-to-Dial à partir d'une page web

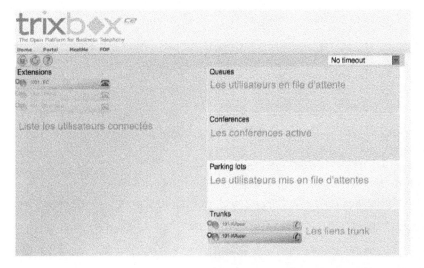

**Figure 11 : FOP - Aperçu de l'interface**

## 5.5 Conférence

> **Utilité :** ★★★★★
> **Facilité :** ★★★★★
> **Autorisation : Administrateur**
> **Fonctionnement : ~~Non Fonctionnel~~ / ~~Partiel~~ / Total**

Les conférences téléphoniques sont devenues un standard aujourd'hui dans les entreprises grâce à trixbox® et après demande de création d'une ligne de conférence interne à un administrateur. Les utilisateurs devront pour entrer dans la salle de conférence être en possession d'un code pin, ce qui garantit une certaine confidentialité.

## 5.6 Web-MeetMe

> **Utilité :** ★★★★★
> **Facilité :** ★★★★★
> **Autorisation : Utilisateur**
> **Fonctionnement : Non Fonctionnel / ~~Partiel~~ / ~~Total~~**

Web-MeetMe est une application d'audioconférences qui possède une interface web PHP qui permet de programmer et gérer les conférences sur l'IPBX trixbox®.

## 5.7 Serveur Interactif Vocal (IVR)

Utilité : ⋆⋆⋆⋆⋆
Facilité : ⋆⋆⋆⋆⋆
Autorisation : Administrateur
Fonctionnement : ~~Non Fonctionnel~~ / ~~Partiel~~ / Total

L'IVR (Interactive Voice Response) permet de créer un Serveur Vocal Interactif, qui jouera un message proposant des touches à presser selon l'action voulue et qui effectue une action quand la touche correspondante est pressée.

Les systèmes d'IVR peuvent normalement traiter des volumes élevés d'appels téléphoniques. Avec un système IVR, les entreprises peuvent réduire les coûts et améliorer l'expérience des clients. En effet, l'IVR permet aux appelants d'obtenir des informations dont ils ont besoin 24/24h et 7/7j sans avoir besoin d'employer des personnes.

L'IVR permet donc de stimuler la compétence de toute entreprise en augmentant la flexibilité, la simplification des processus et la réduction des coûts, en même temps que l'amélioration de la satisfaction du client.

## 5.8 La file d'attente

Utilité : ⋆⋆⋆⋆⋆
Facilité : ⋆⋆⋆⋆⋆
Autorisation : Administrateur
Fonctionnement : ~~Non Fonctionnel~~ / ~~Partiel~~ / Total

La file d'attente permet de faire patienter un utilisateur avant qu'un interlocuteur lui réponde. Les appelants en attente dans une file seront servis selon le principe du premier appelant, premier servi.

## 5.9 Trunk IAX2

> **Utilité :** ✮✮✮✮✮
> **Facilité :** ✮✮✮✮✮
> **Autorisation : Administrateur**
> **Fonctionnement : ~~Non Fonctionnel~~ / Partiel / Total**

Le Trunk permet à l'IPBX d'être connecté au monde extérieur. Il y a essentiellement 3 types de Trunk :

- SIP : pour connecter une ligne SIP

- IAX2 : pour connecter une ligne IAX sur un serveur Asterisk par exemple

- ZAP : pour connecter une ligne Analogique grâce à une interface FXO ou ISDN

Ici, c'est le Trunk IAX2 qui nous intéresse. Celui-ci nous a permis de réaliser l'interconnexion entre « l'Entreprise A » et « l'Entreprise B » comme montré dans le schéma de notre maquette.

IAX (Inter-Asterisk eXchange) est un protocole de voix sur IP issu du projet de PABX open source Asterisk. Il permet la communication entre serveurs IPBX. Sa principale différence avec SIP vient de sa capacité à contrôler et réguler la transmission de flux multimédia avec un débit plus faible (notamment pour la voix). Il présente aussi l'avantage de s'intégrer dans des réseaux NATés, en effet IAX n'utilise qu'un seul port UDP : le 4569 pour la signalisation et les données.

Le nom IAX est souvent utilisé pour parler de la version 2 du protocole en effet la première version n'est pratiquement plus utilisée.

```
No.      Time        Source                  Destination            Protocol
Length Info
     1 0.000000    10.20.20.50             10.10.10.50            IAX2
60    IAX, source call# 3955, timestamp 15ms POKE


Frame 1: 60 bytes on wire (480 bits), 60 bytes captured (480 bits)
Ethernet II, Src: Cisco_53:49:00 (00:19:06:53:49:00), Dst:
Cisco_53:47:00 (00:19:06:53:47:00)
Internet Protocol Version 4, Src: 10.20.20.50 (10.20.20.50), Dst:
10.10.10.50 (10.10.10.50)
User Datagram Protocol, Src Port: iax (4569), Dst Port: iax (4569)
    Source port: iax (4569)
    Destination port: iax (4569)
    Length: 22
    Checksum: 0xdded [validation disabled]
Inter-Asterisk eXchange v2
```

Ses faiblesses sont sa jeunesse et sa non-standardisation, bien qu'il soit de plus en plus utilisé.

Une documentation sur la configuration du Trunk IAX2 réalisé est disponible en Annexes.

# 6. Sécurité

Une simple analyse Wireshark met en lumière les faiblesses de la technologie ToIP. Nous allons dans les sous-parties suivantes aborder les plus critiques.

## 6.1 Les faiblesses

### 6.1.1 Rejeu d'une conversation intrasite

Il est possible de rejouer une conversation entière simplement en écoutant le réseau d'entreprise avec un analyseur de trames tel que Wireshark. En effet SIP et RTP ne sont pas des protocoles chiffrés !

Ainsi, il est possible d'établir le schéma complet de la conversation (Flow Graph), ainsi que d'identifier l'appelant et l'appelé, mais aussi les adresses IP source et destination.

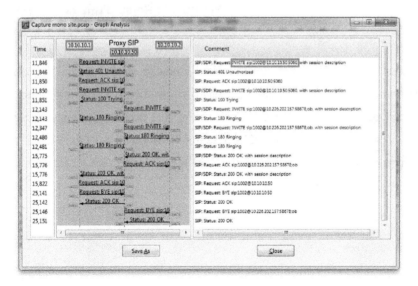

**Figure 12 : Flow Graph d'une conversation**

Les paquets RTP récupérés lors de l'écoute peuvent être décodés et directement rejoués au sein du logiciel Wireshark via le menu *Telephony -> VoIP Calls -> Player -> Decode*, comme le montre la figure suivante.

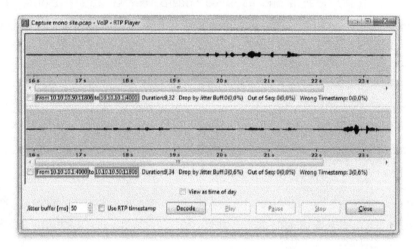

**Figure 13 : Rejeu d'une conversation**

### 6.1.2 Rejeu d'une conversation intersites

Lorsque l'on analyse une conversation intersites via un ordinateur espion positionné sur le port d'écoute du Switch principal de notre maquette, on s'aperçoit que le protocole utilisé n'est plus SIP comme vu dans la sous-partie précédente, mais bien IAX2 dû à l'implémentation du Trunk IAX2 pour la communication des « Entreprise A » et « Entreprise B » abordé dans la partie « 5.9. Trunk IAX2 ».

```
No.      Time       Source              Destination              Protocol
Length Info
     173 30.488571  10.10.10.50         10.20.20.50              IAX2
218      Trunk packet with 2 calls
     174 30.488574  10.10.10.50         10.20.20.50              IAX2
218      Trunk packet with 2 calls
```

Par contre, il est impossible de rejouer la conversation passée entre les deux sites !

## 6.2 Les solutions

Voici un ensemble de solutions et d'outils que nous avons trouvé et que nous jugeons judicieux d'utiliser pour sécuriser une solution ToIP.

### 6.2.1 Wireshark

Wireshark s'est imposé comme l'outil à posséder dès lors que l'on manipule des données sur un réseau et que l'on souhaite les analyser. Même si sur certains points il peut être considéré comme moins performant que des produits commerciaux, Wireshark dispose de fonctions très avancées dans l'analyse, notamment des protocoles de téléphonie sur IP.

Il est important de se positionner au bon endroit du réseau afin de pouvoir capturer les trames qui nous intéressent. Malheureusement, le modèle très distribué de SIP n'aide pas à cette démarche.

Voici deux solutions de capture de trames :

- via un port miroir sur le réseau : cette solution nécessite de disposer d'équipements réseau autorisant la capture sur un port ou un VLAN[24]. On parle souvent de port miroir ou SPAN en fonction des constructeurs, le mécanisme est le suivant : on demande au commutateur réseau de recopier tous les paquets passant sur le port à écouter et de les rediriger sur un port sur lequel on connectera l'analyseur de protocole. Si on dispose d'un VLAN dédié à la voix, on pourra alors envisager d'effectuer une capture sur l'ensemble de celui-ci, si les commutateurs en sont capables. La cible simple pour l'analyse est l'IPBX ou tout du moins la partie qui héberge la fonction Proxy. Une seconde cible possible est le téléphone IP qui

---

[24] Un réseau local virtuel, communément appelé VLAN (pour Virtual LAN), est un réseau informatique logique indépendant. De nombreux VLAN peuvent coexister sur un même commutateur réseau.

sera observé, on aura alors l'ensemble des informations échangées par cet équipement.

- via une capture sur le Proxy [25] : la seconde solution consiste à capturer directement le trafic sur le PABX IP ou le Proxy.

Une fois que l'on dispose d'une capture dans un fichier, il est alors temps d'utiliser Wireshark pour analyser son contenu.

Wireshark dispose d'une interface graphique capable de présenter les trames de la capture et d'en décoder le contenu. Les protocoles Ethernet et IP sont connus depuis longtemps, mais on trouve également SIP, IAX2 et RTP qui nous intéressent plus dans notre cas.

Une documentation sur l'utilisation succincte de Wireshark est disponible en Annexes.

### 6.2.2 SiVuS

SiVuS est l'un des scanners de vulnérabilité le plus connu et le plus fiable supportant le protocole SIP. Ce scanner propose un grand nombre de fonctionnalités qui permettent de mesurer la sécurité d'un composant SIP. SiVuS peut être utilisé par des développeurs, des administrateurs ou architectes réseaux, des managers et des consultants. Il est cependant nécessaire de connaître les bases du protocole SIP exposées dans la partie « 2. Présentation des protocoles réseaux » pour pouvoir pleinement apprécier les possibilités de SiVuS.

Ses fonctions principales vérifient la robustesse et la sécurité des implémentations SIP. Pour cela, SiVuS possède une base de données pour

---

[25] *Proxy est un terme informatique général qui désigne un composant logiciel qui se place entre deux autres pour faciliter ou surveiller leurs échanges .Dans le cadre plus précis des réseaux informatiques, un proxy est alors un programme servant d'intermédiaire pour accéder à un autre réseau, généralement internet. Par extension, on appelle aussi proxy un matériel (un serveur par exemple) mis en place pour assurer le fonctionnement de tels services.*

simuler des attaques et un générateur de messages afin de créer ses propres messages SIP.

Pour réaliser une séquence de test, un ordinateur avec SiVuS est connecté à un réseau véhiculant des informations de type VoIP. Un client SIP, intégré dans le logiciel, permet de simuler un terminal de téléphonie sur IP. C'est donc par ce client que les tests vont être lancés.

A l'heure de la rédaction de ce compte-rendu, le logiciel dispose de 5 onglets principaux (SIP, MGCP[26], H.323, RTP, About) mais les éléments MGCP et H.323 ne sont pas disponibles.

### 6.2.3 VLAN

Le VLAN par protocole permet de créer un réseau virtuel par types de protocoles (par exemple HTTP, IAX2, SIP, etc.), regroupant ainsi toutes les machines utilisant le même protocole au sein d'un même réseau. Le VLAN par protocole permet donc d'étanchéifié les flux.

---

[26] *Media Gateway Control Protocol est un protocole permettant de contrôler les passerelles multimédia qui assurent la conversion de la voix et de la vidéo entre les réseaux IP et le Réseau Téléphonique Commuté (RTC).*

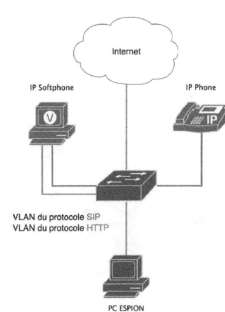

Le schéma ci-contre nous permet de constater la sécurisation du protocole SIP.

Le PC ESPION ne peut pas capturer la trame SIP pour pouvoir la rejouer plus tard du fait qu'il ne se trouve pas sur le même VLAN.

**Figure 14 : Schématisation du VLAN**

### 6.2.4 TLS + SRTP

Transport Layer Security (TLS), anciennement nommé Secure Socket Layer (SSL), est un protocole de sécurisation des échanges sur Internet. Par abus de langage, on parle de SSL pour désigner indifféremment SSL ou TLS.

SSL fonctionne suivant un mode client-serveur. Il fournit quatre objectifs de sécurité :

- l'authentification du serveur ;

- la confidentialité des données échangées (ou session chiffrée) ;

- l'intégrité des données échangées ;

- de manière optionnelle, l'authentification du client.

Utilisation de Secure RTP / Secure RTCP (SRTP/ SRTCP)

Il ajoute les fonctionnalités suivantes :

- Confidentialité (cryptage AES 128 bits)

- Authentification des messages (HMAC-SHA1)

Ajout de protection

### 6.2.5 VPN

**Figure 15 : Schématisation du VPN**

Un réseau VPN reprend les mêmes propriétés qu'un VLAN. Il va donc permettre la sécurisation et l'étanchéité d'une connexion internet entre deux sites. Il existe différents types de tunnels VPN : PPTP[27], L2TP[28], IPsec[29] ...

---

[27] PPTP (Point-to-point tunneling protocol), protocole de tunnel point-à-point, est un protocole d'encapsulation PPP sur IP conçu par Microsoft. Il permet de mettre en place de réseaux privés virtuels (VPN) au-dessus d'un réseau public.
[28] Layer 2 Tunneling Protocol (L2TP) signifie protocole de tunnellisation de niveau 2.Il s'agit d'un protocole réseau utilisé pour créer des réseaux privés virtuels (VPN), le plus souvent entre un opérateur de collecte de trafic (dégroupeur ADSL ou opérateur de téléphonie pour les accès RTC) et les fournisseurs d'accès à Internet.
[29] IPsec (Internet Protocol Security), défini par l'IETF comme un cadre de standards ouverts pour assurer des communications privées et protégées sur des réseaux IP, par l'utilisation des services de sécurité cryptographiques, est un ensemble de protocoles utilisant des algorithmes permettant le transport de données sécurisées sur un réseau IP.

# 7. Conclusion

Nous avons pris conscience aux cours de nos recherches de l'ampleur qu'a pris la ToIP et il nous semble difficile maintenant d'imaginer qu'un technicien réseau ne soit pas un minimum aux faits de cette technologie.

De même, il nous semble très important de bien maîtriser les tenants et aboutissants de la ToIP avant d'implémenter cette technologie au sein d'une entreprise.

trixbox® utilisant des protocoles non propriétaires, une bonne connaissance protocolaire sera donc requise pour assurer la sécurité de la solution. Même si les protocoles sont souvent difficiles à appréhender, leur connaissance permet de résoudre bien des problèmes en amont. Le technicien réseau devra donc être en mesure de configurer les équipements réseaux de son entreprise pour sécuriser les échanges.

trixbox® utilise l'architecture réseau existante pour fonctionner. Les flux voix transitent donc avec les flux DATA. Le technicien réseau devra donc nécessairement mettre en place de la QoS sur les équipements réseaux afin de garantir une qualité sonore lors des conversations téléphoniques.

trixbox® présente l'avantage d'être open source. Cet avantage donne la possibilité de pouvoir le modifier à son gré pour l'adapter finement à ses besoins. Il ne fait pas de doute que cet outil est suffisamment abouti pour être déployé dans des environnements d'envergure.

Le fait est qu'IP est maintenant un protocole très répandu qui a fait ses preuves et dont beaucoup d'entreprises disposent. Ceci avantage la ToIP car elle demande un investissement relativement faible pour son déploiement. La ToIP ouvre la voie de la convergence voix/données et celle de l'explosion de nouveaux services.

La téléphonie IP est une bonne solution en matière d'intégration, de fiabilité, d'évolutivité et de coût. Elle fera partie intégrante des Intranets d'entreprises dans les années à venir.

Enfin, le développement de cette technologie représente-t-il un risque ou une opportunité pour les opérateurs traditionnels ? La réponse n'est pas tranchée. D'un côté, une stagnation des communications classiques, d'un autre côté, l'utilisation massive d'Internet va augmenter le trafic et développer de nouveaux services que pourront développer les opérateurs.

On peut ainsi vraisemblablement penser que le protocole IP deviendra un jour un standard unique permettant l'interopérabilité des réseaux mondialisés. C'est pourquoi, l'intégration de la voix sur IP n'est qu'une étape vers EoIP : Everything over IP.

## 8. Webographie

La webographie désigne une liste de contenus, d'ouvrages ou plus généralement de pages ou ressources du Web relatives à un sujet donné. Ce mot est récent mais déjà très utilisé. Il est construit sur le modèle du mot bibliographie.

Voici les sites internet qui nous ont permis de comprendre certains principes, de construire les documentations et de croiser les informations de notre ouvrage :

- http://www.asterisk-france.org/
- http://www.asteriskguru.com/
- http://condorcet.iris.free.fr/
- http://fonality.com/
- http://www.frameip.com
- http://www.freepbx.org/
- http://www.ietf.org/
- http://www.manuel-freepbx.com/
- http://openmaniak.com
- http://www.panoramisk.com
- http://www.protocolesip.com/
- http://www.tux89.com/
- http://docs.voipswitch.com/
- http://en.wikipedia.org/
- http://fr.wikipedia.org/

# Glossaire

---

**A**

---

*ASCII · Le jeu de caractères codés American Standard Code for Information Interchange, « Code américain normalisé pour l'échange d'information ») est la norme de codage de caractères en informatique la plus connue, la plus ancienne et la plus largement compatible.*

*ATA · Un Adaptateur pour Téléphone Analogique (abrégé ATA) est un périphérique utilisé pour connecter un ou plusieurs téléphones standards à un système de téléphonie numérique (comme la Voix sur IP) ou à un système non standard de téléphonie.*

---

**H**

---

*H.323 · H.323 regroupe un ensemble de protocoles de communication de la voix, de l'image et de données sur IP.*

*HTTP · L'HyperText Transfer Protocol, littéralement « protocole de transfert hypertexte » est un protocole de communication client-serveur développé pour le World Wide Web.*

---

**I**

---

*IETF · L'Internet Engineering Task Force littéralement traduit de l'anglais en « Détachement d'ingénierie d'Internet » est un groupe informel, international, ouvert à tout individu, qui participe à l'élaboration de standards Internet. L'IETF produit la plupart des nouveaux standards d'Internet.*

*IP · Acronyme pour Internet Protocol. Protocole de communication de réseau informatique conçus pour et utilisés par Internet.*

*IPsec · IPsec (Internet Protocol Security), défini par l'IETF comme un cadre de standards ouverts pour assurer des communications privées et protégées sur des réseaux IP, par l'utilisation des services de sécurité cryptographiques, est un ensemble de protocoles utilisant des algorithmes permettant le transport de données sécurisées sur un réseau IP.*

---

## L

*L2TP · Layer 2 Tunneling Protocol (L2TP) signifie protocole de tunnellisation de niveau 2.Il s'agit d'un protocole réseau utilisé pour créer des réseaux privés virtuels (VPN), le plus souvent entre un opérateur de collecte de trafic (dégroupeur ADSL ou opérateur de téléphonie pour les accès RTC) et les fournisseurs d'accès à Internet.*

---

## M

*MGCP · Media Gateway Control Protocol est un protocole permettant de contrôler les passerelles multimédia qui assurent la conversion de la voix et de la vidéo entre les réseaux IP et le Réseau Téléphonique Commuté (RTC).*

---

## N

*NAT · On dit qu'un routeur fait du Network Address Translation (« traduction d'adresse réseau ») lorsqu'il fait correspondre les adresses IP internes non-uniques et souvent non routables d'un intranet à un ensemble d'adresses externes uniques et routables. Ce mécanisme permet notamment de faire correspondre une seule adresse externe publique visible sur Internet à toutes les adresses d'un réseau privé, et pallie ainsi l'épuisement des adresses IPv4.*

## O

open source · *La désignation open source s'applique aux logiciels dont la licence respecte des critères précisément établis par l'Open Source Initiative, c'est-à-dire la possibilité de libre redistribution, d'accès au code source et aux travaux dérivés.*

## P

Ping · *Ping est le nom d'une commande informatique permettant de tester l'accessibilité d'une autre machine à travers un réseau IP.*

PME · *Acronyme pour Petites et Moyennes Entreprises.*

PPTP · *PPTP (Point-to-point tunneling protocol), protocole de tunnel point-à-point, est un protocole d'encapsulation PPP sur IP conçu par Microsoft. Il permet de mettre en place de réseaux privés virtuels (VPN) au-dessus d'un réseau public.*

Proxy · *Proxy est un terme informatique général qui désigne un composant logiciel qui se place entre deux autres pour faciliter ou surveiller leurs échanges .Dans le cadre plus précis des réseaux informatiques, un proxy est alors un programme servant d'intermédiaire pour accéder à un autre réseau, généralement internet. Par extension, on appelle aussi proxy un matériel (un serveur par exemple) mis en place pour assurer le fonctionnement de tels services.*

## Q

QoS · *La qualité de service ou Quality of service est la capacité à véhiculer dans de bonnes conditions un type de trafic donné, en termes de disponibilité, débit, délais de transmission, gigue, taux de perte de paquets...*

## R

RJ11 · *Un connecteur RJ-11 est un standard international utilisé par des appareils téléphoniques fixes.*

RJ45 · *Un connecteur RJ45 est un standard international utilisé par des équipements réseau.*

RSVP · *Resource ReSerVation Protocol est un protocole permettant de réserver des ressources dans un réseau informatique.*

RTP · *Real-Time Transport Protocol (RTP) est un protocole de communication informatique permettant le transport de données soumises à des contraintes de temps réel, tels que des flux média audio ou video.*

## S

SIP · *Session Initiation Protocol (SIP) est un protocole standard ouvert de gestion de sessions souvent utilisé dans les télécommunications multimédia (son, image, etc.)*

## U

UDP · *Le User Datagram Protocol est un des principaux protocoles de télécommunication utilisés par Internet.*

URI · *Un URI, de l'anglais Uniform Resource Identifier, soit littéralement identifiant uniforme de ressource, est une courte chaîne de caractères identifiant une ressource sur un réseau (par exemple une ressource Web) physique ou abstraite, et dont la syntaxe respecte une norme d'Internet mise en place pour le World Wide Web (voir RFC 3986).*

## V

VLAN · *Un réseau local virtuel, communément appelé VLAN (pour Virtual LAN), est un réseau informatique logique indépendant. De nombreux VLAN peuvent coexister sur un même commutateur réseau.*

*VoIP ·  La voix sur IP, ou VoIP pour Voice over IP, est une technique qui permet de communiquer par la voix sur des réseaux compatibles IP.*

---

**W**

*Wi-Fi ·  Un réseau Wi-Fi permet de relier sans fil plusieurs appareils informatiques (ordinateur, routeur, décodeur Internet, etc.) au sein d'un réseau informatique afin de permettre la transmission de données entre eux.*

*Wireshark ·  Wireshark est un analyseur de paquets libre utilisé dans le dépannage et l'analyse de réseaux informatiques, le développement de protocoles, l'éducation et la rétro-ingénierie.*

# La ToIP par la pratique avec la solution logicielle IPBX trixbox®

## ANNEXES

The Open Platform for Business Telephony

# Table des matières

# **Table des illustrations**

# 1. Mesurer la qualité d'un lien réseau

Voici cinq outils gratuits et open source qui fournissent une précieuse aide pour mesurer la qualité d'un lien réseau.

## 1.1 Ping

Ping est utilisé pour tester des connectivités IP. Il fournit des informations sur le RTT et la perte de paquets.

Il est extrêmement simple à utiliser et est installé par défaut sur tous les systèmes.

A la différence des deux outils suivants IPerf et D-ITG, il n'est pas nécessaire d'avoir la main sur la machine de destination pour installer et configurer l'outil.

## 1.2 IPerf

IPerf est initialement utilisé pour mesurer la bande passante disponible entre deux hôtes sur lesquels tourne IPerf. Il est également possible de mesurer la gigue et la perte de paquets.

## 1.3 D-ITG (Distributed Internet Traffic Generator)

Comme IPerf, D-ITG doit être configuré sur les machines qui envoient et reçoivent le trafic de test.

Il est disponible avec une interface graphique et est extrêmement puissant.

## 1.4 Wireshark

Wireshark dispose d'un outil d'analyse fin des échanges RTP entre deux terminaux. On trouve la fonction dans le menu « Telephony -> RTP -> Stream Analysis ».

**Annexes - Figure 1 : Wireshark – Analyse de flux**

La fenêtre d'analyse donne des informations sur les terminaux, le codec utilisé et des statistiques sur la communication : le nombre de trames perdues et la gigue constatée. Il est possible de détailler d'avantage et d'analyser les trames une par une afin de constater les écarts de gigue ou la répartition des trames perdues sur l'échange.

## 1.5 WANem

WANem est un outil localisé entre deux hôtes comme un téléphone et un IPBX pour simuler une qualité de lien réseau spécifique. Des paramètres comme la latence, la bande passante, la perte de paquets la gigue sont disponibles.

Comme WANem est "au milieu", le routage doit être configuré sur les deux machines de test pour forcer le trafic entre eux à passer à travers WANem.

## 2. Capture de trames SIP

Cette capture de trames réalisée lors d'un appel complet met en avant les similitudes avec le protocole HTTP comme le codage en ASCII et les codes de réponse (en gras en rouge dans la capture de trames) que partagent SIP.

| No. | Time | Source | Destination | Protocol |
|---|---|---|---|---|
| Length | Info | | | |
| 9 11.845883 | | 10.10.10.1 | 10.10.10.50 | SIP/SDP |
| 1026 | Request: INVITE sip:1002@10.10.10.50:5060, with session description | | | |
| 10 11.846448 | | 10.10.10.50 | 10.10.10.1 | SIP |
| 623 | Status: 401 Unauthorized | | | |
| 11 11.849715 | | 10.10.10.1 | 10.10.10.50 | SIP |
| 430 | Request: ACK sip:1002@10.10.10.50:5060 | | | |
| 12 11.849918 | | 10.10.10.1 | 10.10.10.50 | SIP/SDP |
| 1194 | Request: INVITE sip:1002@10.10.10.50:5060, with session description | | | |
| 13 11.850829 | | 10.10.10.50 | 10.10.10.1 | SIP |
| 612 | Status: 100 Trying | | | |
| 14 12.142870 | | 10.10.10.50 | 10.10.10.2 | SIP/SDP |
| 1009 | Request: INVITE sip:1002@10.226.202.157:58678;ob, with session description | | | |
| 15 12.143420 | | 10.10.10.50 | 10.10.10.1 | SIP |
| 628 | Status: 180 Ringing | | | |
| 16 12.347278 | | 10.10.10.50 | 10.10.10.2 | SIP/SDP |
| 1009 | Request: INVITE sip:1002@10.226.202.157:58678;ob, with session description | | | |
| 19 12.480237 | | 10.10.10.2 | 10.10.10.50 | SIP |
| 523 | Status: 180 Ringing | | | |
| 20 12.480671 | | 10.10.10.50 | 10.10.10.1 | SIP |
| 628 | Status: 180 Ringing | | | |
| 22 15.775499 | | 10.10.10.2 | 10.10.10.50 | SIP/SDP |
| 882 | Status: 200 OK, with session description | | | |
| 26 15.776038 | | 10.10.10.50 | 10.10.10.2 | SIP |
| 471 | Request: ACK sip:1002@10.226.202.157:58678;ob | | | |
| 27 15.776486 | | 10.10.10.50 | 10.10.10.1 | SIP/SDP |
| 954 | Status: 200 OK, with session description | | | |

```
    31 15.821658   10.10.10.1              10.10.10.50          SIP
396    Request: ACK sip:1002@10.10.10.50
  1909 25.141380   10.10.10.1              10.10.10.50          SIP
435    Request: BYE sip:1002@10.10.10.50
  1910 25.141837   10.10.10.50            10.10.10.1           SIP
534    Status: 200 OK
  1913 25.145653   10.10.10.50            10.10.10.2           SIP
511    Request: BYE sip:1002@10.226.202.157:58678;ob
  1915 25.150549   10.10.10.2             10.10.10.50          SIP
370    Status: 200 OK
```

## 3. Capture de trames RTP/RTCP

Cette capture de trames réalisée lors d'un appel complet met en avant le numéro de port PAIR utilisé pour RTP, et le numéro de port IMPAIR utilisé par RTCP correspondant au numéro de port de RTP+1 :

```
No.      Time        Source              Destination          Protocol
Length Info
    110 8.439756    10.20.20.50          10.20.20.7             RTP
214    PT=ITU-T G.711 PCMU, SSRC=0x2F472E6, Seq=45647, Time=1568


Frame 110: 214 bytes on wire (1712 bits), 214 bytes captured (1712 bits)
Ethernet II, Src: Apple_e6:a3:cc (00:26:08:e6:a3:cc), Dst:
Apple_72:cb:7f (60:c5:47:72:cb:7f)
Internet Protocol Version 4, Src: 10.20.20.50 (10.20.20.50), Dst:
10.20.20.7 (10.20.20.7)
User Datagram Protocol, Src Port: 16208 (16208), Dst Port: pxc-spvr-ft
(4002)
Real-Time Transport Protocol
```

```
No.      Time        Source              Destination          Protocol
Length Info
    111 8.442127    10.20.20.7           10.20.20.50            RTCP
106    Receiver Report    Source description


Frame 111: 106 bytes on wire (848 bits), 106 bytes captured (848 bits)
Ethernet II, Src: Apple_72:cb:7f (60:c5:47:72:cb:7f), Dst:
Apple_e6:a3:cc (00:26:08:e6:a3:cc)
Internet Protocol Version 4, Src: 10.20.20.7 (10.20.20.7), Dst:
10.20.20.50 (10.20.20.50)
User Datagram Protocol, Src Port: pxc-splr-ft (4003), Dst Port: 16209
(16209)
Real-time Transport Control Protocol (Receiver Report)
Real-time Transport Control Protocol (Source description)
[RTCP frame length check: OK - 64 bytes]
```

# 4. Configuration des Routeurs

Voici les configurations épurées des équipements utilisés dans notre maquette.

## 4.1 Routeur Entreprise A

```
hostname trixbox-EntrepriseA // Configuration du nom du routeur
!
no ip dhcp use vrf connected // Exclusion d'adresses IP du DHCP
ip dhcp excluded-address 10.10.10.50 // Exclusion du serveur trixbox
ip dhcp excluded-address 10.10.10.200 // Exclusion du point d'accès Wi-
Fi
!
ip dhcp pool DHCP-Site-A // Création du DHCP
   network 10.10.10.0 255.255.255.0 // Définition du réseau
   dns-server 8.8.8.8 // Définition du serveur DNS
   domain-name DHCP-Site-A // Définition du nom du DHCP
   default-router 10.10.10.254 // Définition de la route par défaut
!
interface FastEthernet0/0 // Configuration de l'interface
 ip address 192.168.0.1 255.255.255.0 // Définition des addresses IP
 duplex auto
 speed auto
!
interface FastEthernet0/1 // Configuration de l'interface
 ip address 10.10.10.254 255.255.255.0 // Définition des addresses IP
 duplex auto
 speed auto
!
router rip // Configuration du protocole de routage dynamique RIP
 version 2 // Utilisation de RIPv2
 network 10.0.0.0 //Annonce du réseau LAN
 network 192.168.0.0 // Annonce du réseau MAN
 network 0.0.0.0 // Annonce de tous les autres réseaux
!
End
```

## 4.2 Routeur Entreprise B

```
hostname trixbox-EntrepriseB // Configuration du nom du routeur
!
no ip dhcp use vrf connected // Exclusion d'adresses IP du DHCP
ip dhcp excluded-address 10.20.20.50 // Exclusion du serveur trixbox
ip dhcp excluded-address 10.20.20.200 // Exclusion du point d'accès Wi-
Fi
!
ip dhcp pool DHCP-Site-B // Création du DHCP
   network 10.20.20.0 255.255.255.0 // Définition du réseau
   dns-server 8.8.8.8 // Définition du serveur DNS
   domain-name DHCP-Site-B // Définition du nom du DHCP
   default-router 10.20.20.254 // Définition de la route par défaut
!
interface FastEthernet0/0 // Configuration de l'interface
 ip address 192.168.0.2 255.255.255.0 // Définition des addresses IP
 duplex auto
 speed auto
!
interface FastEthernet0/1 // Configuration de l'interface
 ip address 10.20.20.254 255.255.255.0 // Définition des addresses IP
 duplex auto
 speed auto
!
router rip // Configuration du protocole de routage dynamique RIP
 version 2 // Utilisation de RIPv2
 network 10.0.0.0 //Annonce du réseau LAN
 network 192.168.0.0 // Annonce du réseau MAN
 network 0.0.0.0 // Annonce de tous les autres réseaux
!
end
```

# 5. Configuration des Switchs

Voici les configurations épurées des équipements utilisés dans notre maquette.

## 5.1 Switch Entreprise A

Il n'y a pas de configuration particulière au niveau de cet équipement.

```
hostname trixbox-EntrepriseA-switch // Configuration du nom du switch
!
end
```

## 5.2 Switch Entreprise B

Il n'y a pas de configuration particulière au niveau de cet équipement.

```
hostname trixbox-EntrepriseB-switch // Configuration du nom du switch
!
end
```

## 5.3 Switch principal

```
hostname trixbox-switch-MAN // Configuration du nom du switch
!
monitor session 1 source interface Fa0/1 - 23 // Définition de la plage
de port dont on veut observer le trafic
monitor session 1 destination interface Fa0/24 //Définition du port
d'écoute pour le PC Espion
!
end
```

# 6. Configuration des points d'accès Wi-Fi

## 6.1 Point d'accès Wi-Fi Entreprise A

```
hostname trixbox-EntrepriseA-AP // Configuration du nom du point d'accès
Wi-Fi
!
enable secret 5 $1$dsxo$uiyTtQZfbmaiyuKTmmYUm.
!
dot11 ssid APEntrepriseA // Définition du nom du réseau Wi-Fi
   authentication open
   guest-mode
!
username Cisco password 7 123A0C041104
!
interface Dot11Radio0 // Configuration de l'interface Wi-Fi
 no ip address
 no ip route-cache
 !
 encryption key 1 size 40bit 7 370320E43F36 transmit-key // Définition
de la clé Wi-Fi
 encryption mode wep mandatory // Définition du type de clé
 !
 ssid APEntrepriseA // Définition du nom du réseau Wi-Fi
 !
 !
interface BVI1 // Configuration de l'interface allant vers le routeur de
l'entreprise
 ip address 10.10.10.200 255.255.255.0 // Définition de l'adresse IP du
point d'accès Wi-Fi sur le réseau de l'entreprise
 no ip route-cache
 !
ip default-gateway 10.10.10.254 // Définition de la passerelle réseau
bridge 1 route ip
 !
end
```

## 6.2 Point d'accès Wi-Fi Entreprise B

```
hostname trixbox-EntrepriseB-AP // Configuration du nom du point d'accès
Wi-Fi
!
enable secret 5 $1$1An6$LQUu2DeEBBRyQvCP3VCBv0
!
dot11 ssid APEntrepriseB // Définition du nom du réseau Wi-Fi
   authentication open
   guest-mode
!
username Cisco password 7 072C285F4D06
!
interface Dot11Radio0 // Configuration de l'interface Wi-Fi
 no ip address
 no ip route-cache
 !
 encryption key 1 size 40bit 7 8C6D3748341E transmit-key // Définition
de la clé Wi-Fi
 encryption mode wep mandatory // Définition du type de clé
 !
 ssid APEntrepriseB // Définition du nom du réseau Wi-Fi
 !
 !
interface BVI1 // Configuration de l'interface allant vers le routeur de
l'entreprise
 ip address 10.20.20.200 255.255.255.0 // Définition de l'adresse IP du
point d'accès Wi-Fi sur le réseau de l'entreprise
 no ip route-cache
!
ip default-gateway 10.20.20.254 // Définition de la passerelle réseau
bridge 1 route ip
!
end
```

# 7. Création d'une machine virtuelle trixbox® avec VMWARE

**Temps de réalisation : 60 minutes**
**Facilité :** ✰✰✰✰✰

## 7.1 Prérequis

Téléchargement du fichier .iso de la distribution trixbox® sur le site internet http://www.trixbox.com/

Téléchargement de l'application VMware Player sur le site internet http://www.vmware.com/

## 7.2 Installation de VMWARE Player

Valider les 5 écrans suivants en cliquant sur « Next ».

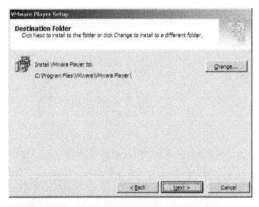

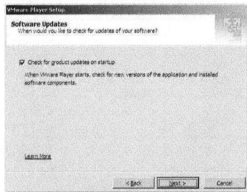

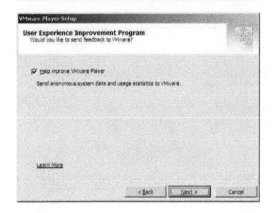

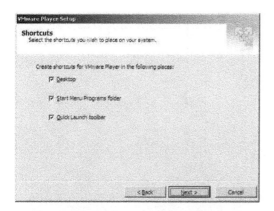

Valider l'écran suivant par « Continue ».

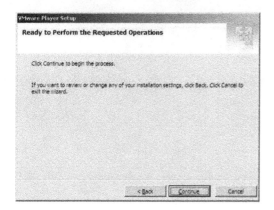

Redémarrer votre poste de travail pour valider l'installation de VMware Player, en cliquant sur « Restart Now ».

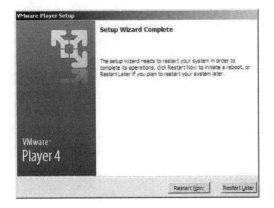

## 7.3 Création de la machine virtuelle

Cliquer sur « Create a New Virtual Machine ».

Sélectionner « I will install the operating system later ». Valider l'écran par « Next ».

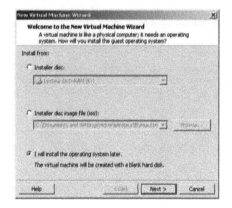

Sélectionner « Linux » et pour Version : « CentOS ». Valider l'écran par « Next ».

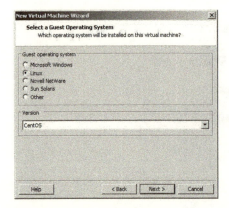

Saisir le nom de la machine dans le champ « Virtual Machine Name ». Valider l'écran par « Next ».

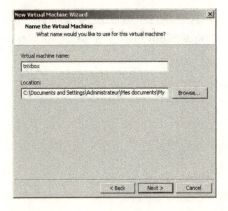

Séléctionner « Split virtual disk into multiple files ». Valider l'écran par « Next ».

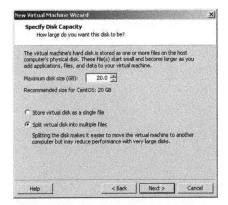

Cliquer sur « Customize Hardware … ».

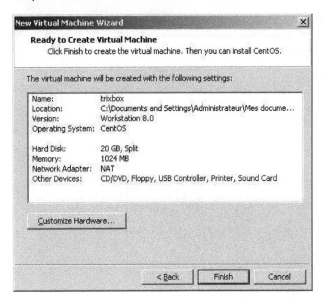

Aller sur « New CD/DVD ». Sélectionner « Use ISO image file ». Puis cliquer sur « Browse … » et naviguer jusqu'à l'emplacement de votre fichier .iso de la distribution trixbox®. Valider l'écran par « Close ».

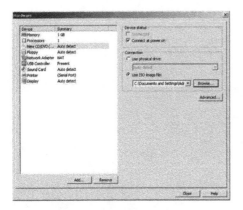

Enfin, valider ce dernier écran par « Finish ».

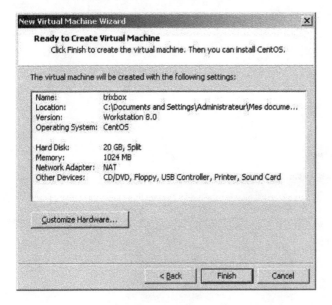

## 7.4 Installation de trixbox®

Sélectionner la machine virtuelle trixbox®. Cliquer sur « Play virtual machine ».

Lancer l'installation en pressant la touche « Entrée ».

Sélectionner le clavier « fr » et valider par « Ok ».

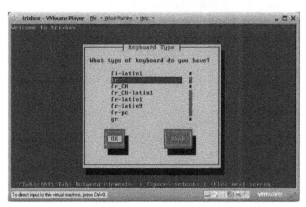

Sélectionner le fuseau horaire de votre pays. Dans notre cas on sélectionnera le fuseau « GMT+1 ». Valider par « Ok ».

Saisir à deux reprises un mot de passe. Valider par « Ok ».

Sur cet écran, noter l'adresse IP d'administration de trixbox®.

## 7.5 Première connexion à trixbox®

Sur un poste de travail, via un navigateur internet, se connecter à l'adresse IP d'administration de trixbox®.

Cliquer au niveau de « User mode » sur « switch ». Utiliser l'identifiant : « maint » et le mot de passe : « password » pour vous connecter en tant qu'administrateur.

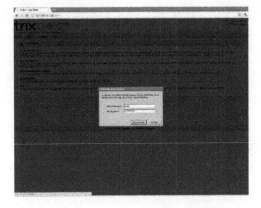

# 8. Installation des voix françaises

> **Temps de réalisation : 15 minutes**
> **Facilité :** ★★★★★

## 8.1 Prérequis

Le serveur trixbox® doit être connecté à internet pour récupérer les paquets nécessaires à l'installation.

## 8.2 Installation des paquets

Ce mode opératoire explique comment installer et utiliser les messages audio en langue française. Pour ce faire, accéder à la CLI de trixbox® en « root », et taper les commandes suivantes :

```
#cd /tmp
#mkdir fr
#cd fr
#wget http://downloads.digium.com/pub/telephony/sounds/asterisk-core-sounds-fr-gsm-current.tar.gz
#tar xvf  asterisk-core-sounds-fr-gsm-current.tar.gz
#mv /var/lib/asterisk/sounds /var/lib/asterisk/sounds-en
#mkdir /var/lib/asterisk/sounds
#cp -R * /var/lib/asterisk/sounds/
#chown asterisk:asterisk -R /var/lib/asterisk/sounds
```

Aucun redémarrage de trixbox® n'est requis, la modification est instantanée.

Pour valider l'installation, effectuez un appel vers son répondeur en faisant *97.

# 9. Création d'une ligne téléphonique

> **Temps de réalisation : 5 minutes**
> **Facilité :** ✦✦✦✦✦

## 9.1 Prérequis

Connaître l'IP d'administration de trixbox®.

Connaître le plan de numérotation.

## 9.2 Création de l'extension

Se connecter à l'adresse IP du serveur trixbox®.

Rentrer le login administrateur (« maint ») et le mot de passe (« password »).

Se rendre dans la section PBX → PBX Settings

Se rendre dans la colonne de gauche et cliquer sur « Extensions »

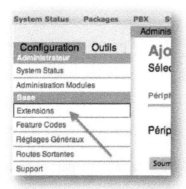

Cliquer ensuite sur « Ajout Extension »

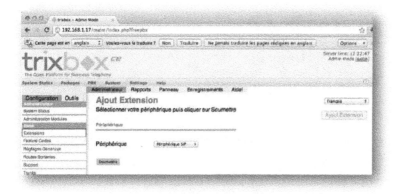

- Dans la rubrique « User Extension» inscrire le numéro de téléphone voulu respectant le plan de numérotation.

- Dans la rubrique « Display Name» inscrire le nom qui s'affichera sur le téléphone du correspondant.

- Le « CID Num Alias » permet de masquer son User Extension par un autre User Extension. Par exemple celui d'un service d'entreprise. Cette option est facultative !

## Add SIP Extension

Add Extension

User Extension      1003
Display Name      iPhone
CID Num Alias
SIP Alias

- Dans la rubrique « Device Option» inscrire le mot de passe dans le champ « secret » qui permettra la configuration du softphone.

Device Options

This device uses sip technology.
secret          password
dtmfmode      rfc2833

- Le « Language Code » permet de définir la langue de la synthèse vocale. Il faut insérer « fr » dans le champ du « Language Code ».

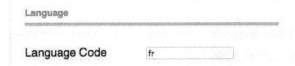

Language

Language Code      fr

- La partie « Voicemail & Directory » permet l'activation de la messagerie pour cela passer le champ « Status » à « Enabled », et configurer le Voicemail Password avec un mot de passe composé de chiffres.

**Voicemail & Directory**

| | |
|---|---|
| Status | Enabled ÷ |
| Voicemail Password | 1234 |
| Email Address | |
| Pager Email Address | |

Cliquer sur « Activer nouvelle configuration »

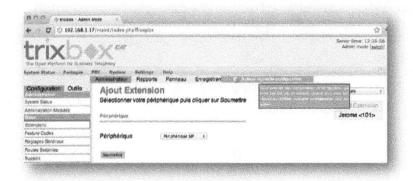

Cliquer enfin sur « Activer ».

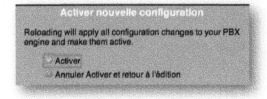

## 10. Configuration d'un softphone pour smartphone

**Temps de réalisation : 5 minutes**
**Facilité : ☆☆☆☆☆**
**Plateforme : iOS, Android**
**Téléchargement : bibliothèque d'application du smartphone**

### 10.1 Prérequis

Connaître l'IP du serveur trixbox®.

Connaître ses identifiants et l'extension à configurer.

Le smartphone doit être connecté sur le même réseau que le serveur trixbox®.

Logiciel 3CX (gratuit) installé sur le smartphone.

## 10.2 Configuration du softphone 3CX

Dans le champ « Name » inscrire le « User Extension » de l'utilisateur.

Le champ Display name correspond au Display Name de l'extension.

Le User ainsi que l'ID correspond également au « User Extension ».

Sélectionner « In Office dans le champ « Use as ».

Le champ « Local PBX IP » correspond à l'adresse IP du serveur Trixbox(r)

Le champ « Proxy » correspond à l'adresse IP du serveur trixbox®

# 11. Configuration d'un softphone pour PC

**Temps de réalisation : 5 minutes**
**Facilité :** ☆☆☆☆☆
**Plateforme : Windows, Mac OS X**
**Téléchargement : www.counterpath.com/13**

## 11.1 Prérequis

Connaître l'IP du serveur trixbox®.

Connaître ses identifiants et l'extension à configurer.

Le PC doit être connecté sur le même réseau que le serveur trixbox®.

Le logiciel X-Lite (gratuit) doit être installé sur le PC.

## 11.2 Configuration du softphone X-Lite

Cliquer droit sur l'écran du Softphone>SIP Account Settings...>Add...

Renseigner ensuite les champs en suivant l'exemple ci-dessous :

La configuration de la messagerie s'effectue dans le menu « Messagerie vocale ». Il faut cocher la case « Consulter la messagerie vocale » et renseigner « *97 » puis valider

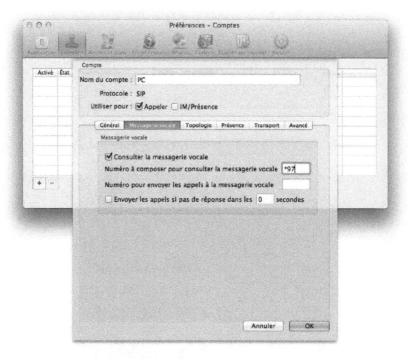

Une fois ces paramètres introduits, l'écran devrait afficher votre nom d'utilisateur avec écrit « Ready » et votre nom en dessous.

Si votre opérateur intègre l'état de Présence SIP, il faut pour l'activer vous rendre dans « SIP Account Settings », puis dans l'onglet « Presence » et choisir dans le menu déroulant «IM/Presence». Ainsi vous pourrez voir lesquels de vos contacts sont joignables et connectés sur le réseau de l'opérateur VoIP avant même de les appeler.

# 12. Configuration de Follow Me

**Temps de réalisation : 5 minutes**
**Facilité :** ☆☆☆☆☆

## 12.1 Prérequis

Connaître l'IP d'administration de trixbox®.

Connaître le plan de numérotation.

## 12.2 Follow Me

La configuration minimale pour utiliser la fonction Follow Me est de disposer d'au moins une extension. Dans la démonstration suivante nous effectuerons le groupement d'appel grâce à une deuxième extension.

Dans un premier temps se rendre dans le menu « extensions » cliquer sur l'extension à laquelle vous souhaitez rajouter un numéro de téléphone.

Cliquer sur  « Add Follow Me Settings »

Sélectionner le numéro de l'extension que vous souhaitez rajouter grâce à la select box « Extension Quick Pick » ou rajouter sur une nouvelle ligne de la « Follow-me- List » avec le numéro de l'extension. Ensuite il faut valider et appliquer la configuration.

## Follow Me: 1003

⟳ Edit Extension 1003

Delete Entries

Edit Follow Me

| | |
|---|---|
| Disable: | ☐ |
| Initial Ring Time: | 0 ↕ |
| Ring Strategy: | ringallv2 ↕ |
| Ring Time (max 60 sec) | 20 |
| Follow-Me List: | 1003 |
| Extension Quick Pick | ✓ (pick extension) |
| Announcement: | 101 (101-IAXuser) |
| | 1001 (PC) |
| Play Music On Hold? | 1003 (iPhone) |
| CID Name Prefix: | |

# 13. Création d'une salle de conférence

**Temps de réalisation : 10 minutes**
**Facilité :** ☆☆☆☆☆

## 13.1 Prérequis

Connaître l'IP d'administration de trixbox®.

Connaître le plan de numérotation.

## 13.2 Création de la salle de conférence

Se connecter à l'adresse IP du serveur Trixbox®.

Rentrer le nom administrateur et le mot de passe.

Se rendre dans la section PBX → PBX Settings

Cliquer sur conférence

Inscrire le numéro de la salle de conférence sur la ligne Conference Number

- Nommer la salle de conférence sur la ligne Conference Name

- Cliquer sur Submit Changes

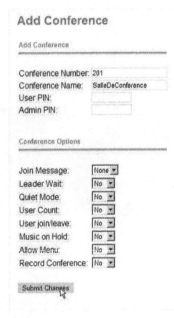

Cliquer sur « Activer nouvelle configuration »

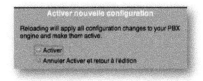

## Cliquer ensuite sur « Activer »

# 14. Création d'une file d'attente

> **Temps de réalisation : 10 minutes**
> **Facilité :** ☆☆☆☆☆

## 14.1 Prérequis

Connaître l'IP d'administration de trixbox®.

Connaître le plan de numérotation.

Utilisation d'une extension non utilisée.

## 14.2 File d'attente

Se connecter à l'adresse IP du serveur Trixbox®.

Rentrer le nom administrateur et le mot de passe.

Se rendre dans la section PBX → PBX Settings

Cliquer sur queue

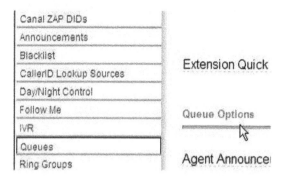

Inscrire le numéro de la queue sur la ligne Queue Number

- Nommer la queue sur la ligne Conference Name

- Inscrire les extensions des utilisateurs dans la rubrique Static Agents

- Cliquer sur Submit Changes

Valider puis appliquer la nouvelle configuration

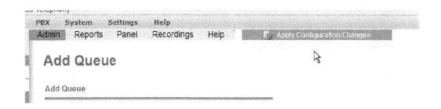

Cliquer ensuite sur « Activer »

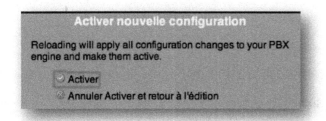

## 15. Création d'un Trunk IAX2

**Temps de réalisation : 15 minutes**
**Facilité :** ★☆☆☆☆

### 15.1 Prérequis

Les deux sites doivent pouvoir communiquer entre eux.

La configuration pour le deuxième site correspond à l'inverse de la configuration qui va suivre. Les configurations suivantes ont été réalisées depuis l'Entreprise A.

### 15.2 Ajout d'une extension IAX2

Cliquer sur la rubrique « extension » puis sélectionner via la select box le champ « Generic IAX2 Device » puis cliquer sur Submit.

## Add IAX2 Extension

Add Extension

| | |
|---|---|
| User Extension | 101 |
| Display Name | 101-IAXuser |
| CID Num Alias | |
| SIP Alias | |

Extension Options

| | |
|---|---|
| Outbound CID | |
| Ring Time | Default |
| Call Waiting | Enable |
| Call Screening | Disable |
| Emergency CID | |

Assigned DID/CID

| | |
|---|---|
| DID Description | |
| Add Inbound DID | |
| Add Inbound CID | |

Device Options

This device uses iax2 technology.

| | |
|---|---|
| secret | 101-IAXpassword |

« User Extension » correspond à l'id du site trixbox

« Display name » correspond au nom de l'extension du Trunk IAX2

Entrer un mot de passe pour le Trunk dans le champ « secret »

## 15.3 Création du Trunk IAX2

Cliquer sur la partie « Trunks », cliquer ensuite sur « Add IAX2 Trunk »

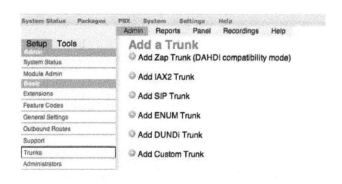

**Outgoing Settings**

**Trunk Name:** 101-IAXpeer

**PEER Details:**

```
host=10.20.20.50
username=201-IAXuser
secret=201-IAXpassword
type=peer
qualify=yes
trunk=yes
requirecalltoken=no
```

Le « Trunk name » correspond au nom du Trunk

**Incoming Settings**

**USER Context:** 101-IAXuser

**USER Details:**

```
secret=101-IAXpassword
type=user
context=from-trunk
```

Dans « peer details » il faut renseigner les informations du serveur avec qui l'on souhaite établir le Trunk IAX2

**Registration**

**Register String:**

Submit Changes

User Context et User Details permet de définir les identifiants avec lesquels on va pouvoir se connecter sur ce serveur.

## 15.4 Résumé de la configuration du Trunk IAX2

Ce tableau résume la configuration de la mise en œuvre d'un Trunk IAX2 :

| Entreprise A | | Entreprise B | |
|---|---|---|---|
| Adresse IP trixbox | 10.10.10.50 | Adresse IP trixbox | 10.20.20.50 |
| IAX2 Extension | | IAX2 Extension | |
| User extension = | 101 | User extension = | 201 |
| Display Name = | 101-IAXuser | Display Name = | 201-IAXuser |
| Secret = | 101-IAXpassword | Secret = | 201-IAXpassword |
| Trunks | | Trunks | |
| Outgoing Settings | | Outgoing Settings | |
| Trunk Name = | 101-IAXpeer | Trunk Name = | 201-IAXpeer |
| Peer Details: | | Peer Details: | |
| host= | 10.20.20.50 | host= | 10.10.10.50 |
| username= | 201-IAXuser | username= | 101-IAXuser |

| Entreprise A | | | Entreprise B | | |
|---|---|---|---|---|---|
| secret= | 201-IAXpassword | | secret= | 101-IAXpassword | |
| type= | peer | | type= | peer | |
| qualify= | yes | | qualify= | yes | |
| Trunk= | yes | | Trunk= | yes | |
| requirecalltoken = | no | | requirecalltoken= | no | |
| Incoming Settings | | | Incoming Settings | | |
| User Context: | 101-IAXuser | | User Context: | 201-IAXuser | |
| User Details: | | | User Details: | | |
| secret = | 101-IAXpassword | | secret = | 201-IAXpassword | |
| type= | user | | type= | user | |
| context= | from-Trunk | | context= | from-Trunk | |
| OutBound routes | | | OutBound routes | | |

| Entreprise A | | Entreprise B | |
|---|---|---|---|
| Outcoming routes | | Outcoming routes | |
| Route Name = | 201-dial2xxx | Route Name = | 101-dial1xxx |
| Dial Patterns = | 2xxx | Dial Patterns = | 1xxx |
| Dial Patterns Wizards | pick one | Dial Patterns Wizards | pick one |
| Trunksequence = | IAX2/101-IAXpeer | Trunksequence= | IAX2/201-IAXpeer |

# 16. Explications du Serveur Interactif Vocal (IVR)

**Temps de réalisation : 30 minutes**
**Facilité :** ✶✶✶✶✶

## 16.1 Prérequis

Connaître l'IP d'administration de trixbox®.

Connaître le plan de numérotation.

## 16.2 Description des champs disponibles

Cette fonctionnalité n'a pas pu être testée par manque de temps, en revanche voici la description de l'ensemble des champs disponibles.

L'onglet IVR se trouve dans le paragraphe Inbound Call Control.

- Les entrées que peut prendre un IVR sont :

    o 0-9 : les chiffres du clavier téléphonique.

    o * : la touche * du clavier téléphonique.

    o # : la touche # du clavier téléphonique.

    o i : l'événement correspondant au fait de presser une touche non valide, non proposée par l'IVR. Valeur par défaut : jouer le message "'Invalid option, please try again", puis rejouer le menu. Au bout de trois tentatives invalides, l'IVR raccroche.

    o t : l'événement correspondant au fait de ne pas presser de touche. Valeur par défaut : rejouer le menu 3 fois puis raccrocher.

Depuis la page IVR on peut ajouter des IVR en cliquant sur Add IVR :

- Change Name : nom indicatif à donner à l'IVR.

- Timeout : délai d'attente au bout duquel l'IVR considère la réponse comme étant t.

- Enable Directory : permet aux appelants dans l'IVR d'appeler # pour accéder à l'annuaire.

- Directory Context : le voicemail directory context utilisé quand on presse #.

- Enable Direct Dial : permet aux appelants dans l'IVR d'appeler directement une extension.

- Announcement : message joué à l'appelant à son arrivée à l'IVR. Pour ajouter des annonces, voir System Recordings.

- Return to IVR : si cette option est activée et si s'appelant tape l'option correspondante alors :

  o l'appelant retournera vers l'IVR qui l'a orienté vers cet IVR (IVR parent), s'il vient d'un autre IVR.

  o l'appelant sera orienté vers la destination sélectionnée à droite, s'il ne vient pas d'un autre IVR.

Fonctionnement :

D'abord créer et configurer un IVR. Ajuster le nombre de possibilités sur la page de l'IVR en question. Pour cela, cliquer sur les boutons Increase Options et Decrease Options.

Pour chaque destination, spécifier la touche à taper dans la case située en dessous de Return to IVR. On a le choix entre 0-9, *, #, i et t. Il possible de mettre un numéro de plusieurs chiffres dans une case.

# 17. Capture de trames Wireshark

Depuis l'explorateur de fichiers on ouvre la capture (fichier avec extension .cap) et Wireshark nous présente l'ensemble des trames dans la partie supérieure et le contenu de la trame sélectionnée dans la partie inférieure de la fenêtre. On peut sélectionner la trame à analyser en faisant défiler la liste dans laquelle les trames sont triées par heure d'arrivée.

## 17.1 Filtrage

Afin de filtrer la liste des trames et d'en afficher une partie plus spécifique, on peut utiliser le champ 'Filtre' situé au dessus de la liste. Le filtrage de Wireshark utilise un langage spécifique qui s'apprend au fur et à mesure, un principe de base est que le filtre est valide lorsque la couleur de fond de celui-ci est verte. On peut par exemple sélectionner les trames SIP en utilisant le filtre : SIP, les trames IAX2 avec le filtre : IAX2.

Pour aller plus loin, on peut enrichir le filtrage à l'aide des champs situés dans la partie analyseur de protocole. Chaque partie du protocole peut être détaillée à l'aide du [+] situé dans la colonne de gauche. Par exemple pour filtrer les trames en provenance d'un client particulier, on se basera sur son adresse IP. On ouvre pour cela la partie IP (Internet Protocol) dans laquelle il suffit de sélectionner la source avec le bouton droit de la souris et ajouter ce champ à notre filtre à l'aide du menu "Apply as filter / ... and Selected".

## 17.2 Analyse SIP

Traquer les trames une à une est une approche difficile et fastidieuse. Dans certains cas, il est intéressant de s'appuyer sur l'analyse automatique proposée par Wireshark dans le menu "Telephony -> VoIP calls".

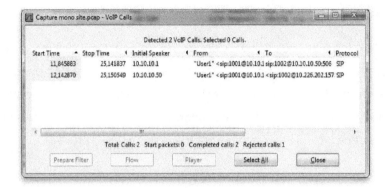

**Annexes - Figure 2 : Wireshark – Analyse SIP**

Dans la fenêtre s'affichent tous les appels contenus dans la trace.

A partir de cette liste on peut afficher la conversation sous forme graphique (Flow Graph). Cette vue permet une rapide analyse des échanges, elle est fortement couplée aux paquets, ce qui autorise une navigation rapide pour une analyse plus poussée du contenu des trames.

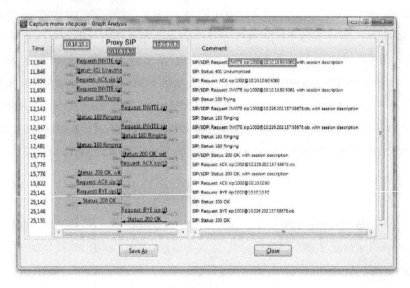

**Annexes - Figure 3 : Wireshark – Flow Graph**

Il est également possible d'analyser la partie voix contenu dans les trames RTP de l'échange. La fonction « Player » décode le contenu des échantillons de voix et permet de rejouer la conversation, ceci peut-être utile pour constater une mauvaise qualité reportée par un utilisateur vers une destination particulière par exemple.

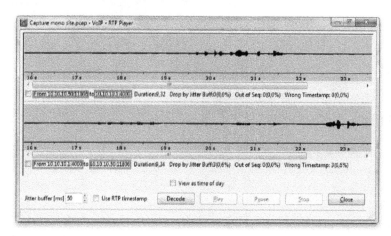

**Annexes - Figure 4 : Wireshark – Rejeu d'une conversation**

www.ingramcontent.com/pod-product-compliance
Lightning Source LLC
LaVergne TN
LVHW042338060326
832902LV00006B/245